RIO DE JANEIRO

ÁLBUM
Pitoresco Musical

Desenhado por Alfred Martinet

Publicado pelos Suc^es de P. Laforge em

1856

ORGANIZAÇÃO E TEXTOS DE
Rodrigo Alzuguir

EDIÇÕES DE
Janeiro

2014

Eugène Ciceri & Phlippe Benoist

RIO DE JANEIRO DA ILHA DAS COBRAS
2 LITOGRAFIAS COLORIDAS A MÃO
A PARTIR DE DAGUERREÓTIPO.
COLEÇÃO GEYER / MUSEU IMPERIAL
DE PETRÓPOLIS

4 *Um sarau*

10 *Pianópolis*

15 *O Álbum*

18 *Da polca ao choro*

20 *Laforge*

22 *Martinet*

24 *Os sete*

33 *Além da polca*

35 *Rio de Janeiro – Álbum Pitoresco-Musical*
REPRODUÇÃO INTEGRAL

Meados do século XIX. Rio de Janeiro, capital do Império. A casa das irmãs Novaes, ali na rua Itapiru, no bairro do Rio Comprido, está apinhada de gente. O calor é abrasador.

No salão, refastelada num sofá, dona Jacintinha se entretém fazendo bolinhas de papel. Numa das janelas, com o cabelo cheio de papelotes, Berenice namorisca um furriel – que é o nome que se dá a um cabo ou sargento do Exército.

Surge no salão um homem rotundo e grandalhão. É seu Fulgêncio, um bom comendador, amigo da família.

– Silêncio! – reclama ele, frente à balbúrdia reinante.

É preciso prestar atenção à música! Como é que os casais poderão manter o ritmo da dança se a conversa encobrir o piano?

Nesta altura, chega o Padre Cura com o Corregedor – ambos seriíssimos.

Perto dali, um rapaz aborda uma mocinha:

– Senhorita, a honra desta dança, acaso me quer dar?

– Cavalheiro, a honra é toda minha – responde ela, enquanto é enlaçada pela cintura por outro mancebo –, porém já tenho par.

Entra também o Souza, pisando em ovos, com os pés apertados em duras botas de verniz, e a esposa, de olhos em alvo. "Que pândega!" – pensa ela, torcendo os cabelinhos do nariz. "Esses jovens de hoje em dia... No meu tempo..."

Por trás de uma cortina, a escrava Minervina espia os casais que volteiam pelo salão.

– Quebra, dona Alice! – diz, entre risadas. – Quebra, seu Beltrão!

De repente, a música cessa. Soam os acordes da indefectível "Dalila", música do pianista Furtado Coelho, em três por quatro, feita para o drama homônimo de Octave Feuillet que levara enchentes de público ao Teatro Ginásio Dramático na temporada anterior, em 1857. É a deixa: seu Gil vai recitar.

Formam roda. O moço, tímido, gagueja um Castro Alves:

A pri-pri-primeira vvvvvvvez que eu vi Te-te-te-teresa
Como as planta-tas que arrasta a correnteeeeeeza
A vvvvvvvalsa nos levou nos gi-gi-gi-giros seus...

Salvo pelo gongo: Minervina abre alas, trazendo chá, bolinhos de polvilho e outros triviais.

Como o tempo voa! O velho carrilhão badala onze horas!

Despedem-se todos, o salão se esvazia, fecha-se o piano, apaga-se o gás. E assim termina o bailarico das Novaes – um típico sarau dançante da burguesia carioca do Segundo Reinado.

Que gêneros musicais animavam aqueles ambientes? Uma resposta para a pergunta está no título da música dos compositores José Maria de Abreu e Luiz Peixoto que a cantora Marlene lançaria em disco um século depois: "Tome polca!" É justamente a crônica fictícia de um bailarico oferecido pela família Novaes – aqui recontada com liberdade. Procure ouvir a gravação. É uma delícia!

Surgida na década de 1830 na Boêmia, região da antiga Tchecoslováquia, a polca (do vocábulo tcheco *pulca*, alusivo ao passo saltitante da dança) é um gênero musical de compasso binário e andamento vivo, com acompanhamento rítmico-harmônico calcado nos contratempos. Inquieta, logo se espalhou pelos salões da Europa. Nos anos 1840, atravessou o oceano e chegou às Américas. Foi o primeiro fenômeno musical "globalizado" do Ocidente, fomentado pelo emergente mercado de edições de partitura.

1
Um sarau

*Álbum
Pitoresco
Musical
1856*

5

NOVA PLANTA DA CIDADE do RIO DE JANEIRO.

A'venda em casa dos Editores
E. & H. Laemmert.
1867.

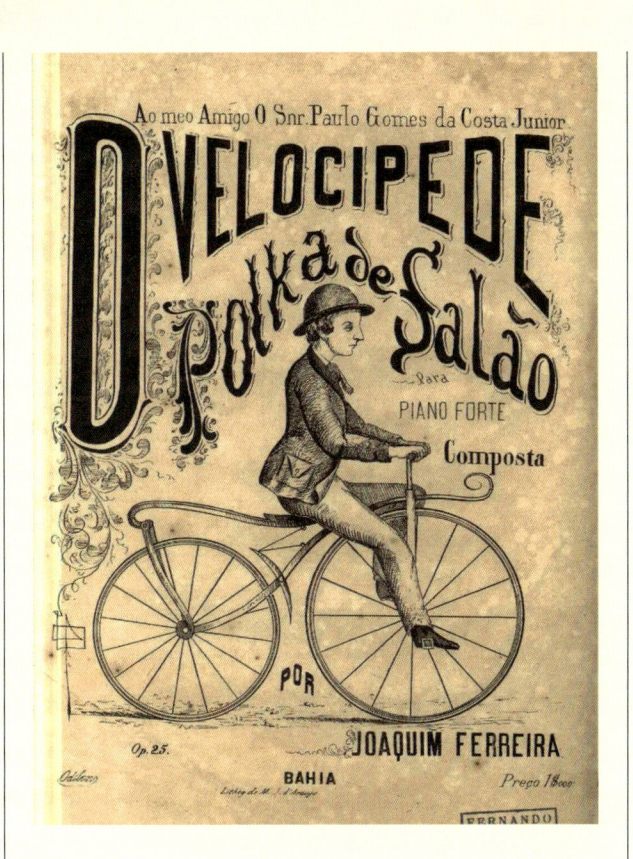

ACIMA
Partitura de "O Velocipede'
POLKA DE SALÃO, BAHIA, 1840

AO LADO
Planta da Cidade do Rio de Janeiro
Publicada por E. & H. Laemmert
1867

NAS PÁGINAS ANTERIORES
Rogerio de Egusquiza
O fim do baile
1880 CIRCA
Sonhando com o baile
1880 C., COLEÇÃO PARTICULAR, MADRID.

Uma das mais antigas menções à polca na imprensa carioca data de outubro de 1844, quando o *Diário do Rio de Janeiro* anunciou o lançamento da partitura de "A polka", arranjada para piano por um misterioso M. Fessi e publicada pelo francês Pierre Laforge, dono de uma "imprensa de música". Em meados do ano seguinte, os dançarinos Felipe Catton, Carolina Catton, José de Vecchy e Judith Farina subiram ao palco do Teatro de São Pedro de Alcântara para apresentar um número de dança de polca no entreato de um espetáculo. Era o estopim para a polca-mania no Rio de Janeiro. O sucesso foi tão grande que os Catton criaram um curso para ensinar a dança aos cariocas. "Espécie de valsa em que os dois dançantes fazem alternada ou simultaneamente as atitudes mais voluptuosas", segundo um *Diário do Rio de Janeiro* de novembro de 1844, a polca se tornou a dança mais popular nos salões do Segundo Reinado. "É dançando a polca que se entra no inferno", disse um padre, na mesma edição do jornal. Um leitor escreveu, em 1846, queixando-se que em uma missa de Sábado de Aleluia no Mosteiro de São Bento, o organista havia tocado uma polca. Anúncios se espalhavam pelos jornais, vendendo "pães à polca", "lenços à polca" e "chapéus à polca" – neologismos que, em vão, os cronistas tentavam decifrar. A verdade é que, um tanto enfadado de modinhas e lundus do tempo do violinista e compositor Cândido Inácio da Silva (1800-1838), o Rio de Janeiro se entregou com volúpia ao gênero musical da Boêmia. E a cidade não demorou a "climatizá-lo". Em pouco tempo, polcas assinadas por compositores cariocas começaram a jorrar dos pianos e das prensas.

Machado de Assis escreveria sobre esse processo:

Mas a polca? A polca veio
De longas terras estranhas,
Galgando o que achou permeio,
Mares, cidades, montanhas.

Aqui ficou, aqui mora;
Mas de feições tão mudadas,
Que até discute ou memora
Cousas velhas e intrincadas.

Pusemos-lhe a melhor graça,
No título, que é dengoso,
Já requebro, já chalaça,
Ou lépido ou langoroso.

Num outro trecho do poema, Machado definiria:

É simples, quatro compassos,
E muito saracoteio,
Cinturas presas nos braços,
Gravatas cheirando o seio.[1]

(O escritor já tinha se rendido ao tema três anos antes, no conto "Um homem célebre", em que o personagem Pestana, compositor de polcas de sucesso, sonhava em se estabelecer como autor de música clássica).

Ombreando com a polca, outros gêneros musicais brigavam por espaço naqueles salões e bailaricos oitocentistas. Eram valsas, *schottisches*, quadrilhas, mazurcas e outros ritmos europeus da moda – incluindo uma exótica dança tcheca em três por quatro chamada *redowa*, hoje esquecida, com acentuações que faziam os dançarinos parecerem capengas. Assimilados pelos compositores atuantes no Rio de Janeiro, esses gêneros serviram de base para um repertório pianístico de escrita por vezes dificultosa, que tinha como público-alvo sinhazinhas burguesas diletantes e cujas partituras musicais podiam ser recebidas a domicílio, encartadas como brindes da *Marmota*

[1] *Gazeta de Notícias*, 1886.

Álbum Pitoresco Musical 1856

8

BAILE

Offerecido pelo

Sr. Commendador Joaquim Ribeiro d'Avellar

e Sua Ex.ma Senhora

ás pessoas de sua amisade

em regozijo ao casamento de sua filha

ELIZIA

17 DE SETEMBRO DE 1884

AO LADO
JEAN AUGUSTE DOMINIQUE INGRES
Princesse Albert de Broglie
METROPOLITAN MUSEUM OF ART

ACIMA
Convite para baile de casamento
(por ocasião do casamento da filha de Joaquim Ribeiro Avellar)
1884
COLEÇÃO EDUARDO SCHNOO

NA PÁGINA AO LADO
James Tissot
Muito cedo para o baile
1873
LONDRES, GUIDHALL GALLERY

Fluminense (gazeta do querido jornalista Francisco de Paula Brito), em meio a poesias, pensamentos, anedotas, charadas e figurinos; e, principalmente, adquiridas nas ainda raras "estamparias com imprensa de música" do centro da cidade, que cumpriam o papel de primeiras editoras musicais do país. (Partituras importadas também podiam ser encontradas em casas de música genéricas, que vendiam instrumentos e acessórios musicais no mesmo centro carioca.)

Uma das imprensas de músicas mais populares nos anos 1850 era a dos Sucessores de P. Laforge. Ficava na rua dos Ourives, 60 – uma via que no futuro seria cortada pela avenida Presidente Vargas, dividindo-se em Rodrigo Silva e Miguel Couto.

Se o sarau das Novaes tivesse ocorrido especificamente em agosto de 1856, teria sido outro o fundo musical para a récita de seu Gil – já que a "Dalila" só seria composta no ano seguinte. Mas os personagens da canção de Abreu e Peixoto não deixariam de se divertir por falta de repertório.

Naquele mês, os Sucessores de P. Laforge anunciaram nos principais jornais da capital o lançamento de um item musical de luxo, recém-saído de suas prensas. Era um álbum de partituras contendo sete composições para piano criadas por músicos proeminentes, estabelecidos no Rio de Janeiro, em tributo a cinco vistas cariocas (Botafogo, Glória, Jardim Botânico, São Cristóvão, Tijuca) e duas adjacentes (Boa Viagem, em Niterói, e Petrópolis). Cada uma delas era ilustrada com uma litogravura assinada por Joseph-Alfred Martinet, exímio gravador francês residente na cidade. O título do álbum, imponente, em dourado, vinha impresso na capa em letras destacadas, sobreposto a uma oitava litogravura de Martinet representando a Baía de Guanabara: *Rio de Janeiro – Álbum Pitoresco-Musical*.

Era um dos primeiros álbuns de partituras compostos e impressos no Brasil e o mais luxuoso até então. Era também a primeira publicação a celebrar, em forma de música e artes visuais, as belezas da capital do Império e de seus arredores – no futuro, estudiosos chegariam a vê-la como um símbolo do processo de construção de uma identidade nacional empreendido em várias vertentes naquele Segundo Reinado. Trocando em miúdos, tinha-se em mãos uma manifestação de orgulho carioca *avant la lettre*, em forma de livro.

A partir daquele agosto de 1856, os bailaricos cariocas puderam *pegar fogo* ao som de uma nova, deliciosa e pioneira fornada de músicas feitas em homenagem à cidade – mesmo que esse incêndio, aos ouvidos de hoje, soe com a delicadeza de um fósforo riscado.

A herança musical africana, com seus batuques, danças e rituais, ainda não ecoava para além dos quintais e dos terreiros – mas já espreitava os salões, por detrás das cortinas, como a escrava Minervina em "Tome polca!". Num processo de lenta maturação, amalgamando-se à música europeia de salão, ela ganharia mais tarde o centro da *pista*, dando origem, um dia, ao que entendemos como música popular brasileira.

– Quebra, dona Alice! Quebra, seu Beltrão!

Álbum Pitoresco Musical 1856

9

Em agosto de 1856, cerca de um terço do Segundo Reinado havia decorrido. O imperador, dom Pedro II, aos 30 anos de idade, reinava havia dezesseis – desde que, aos quatorze, pondo fim ao tumultuado período da Regência, tivera a maioridade antecipada para herdar um Brasil à beira da desintegração. Filho mais novo de dom Pedro I e dona Maria Leopoldina, ambos mortos muitos anos antes, o Imperador teve uma infância triste e solitária. Na vida adulta, do alto de seu metro e noventa de altura e contra todos os prognósticos, revelou-se um hábil governante – *workaholic*, simples, erudito, de poucas palavras. E, sobretudo, um amante das ciências e das artes.

Quando o *Álbum Pitoresco-Musical* saiu das prensas, vivia-se um "apogeu do fulgor imperial", segundo o historiador Capistrano de Abreu. Para ele, a década de 1850 e a primeira metade da década seguinte foram anos brilhantes – representados pela alta do café, pela adoção de normas parlamentaristas, pela criação de estradas de ferro, pela ampliação da comunicação por telégrafo, pela inauguração da iluminação pública a gás e por diversos avanços nas ciências, letras e artes.

A música religiosa, praticamente a única possibilidade de trabalho para cantores e instrumentistas nas primeiras décadas do século XIX, perdia terreno para a música profana. Os teatros da cidade tremiam sob o impacto dos dós de peito dos tenores e dos agudíssimos das *prima donnas*, e o chão dos salões familiares era riscado pelos pés dos casais que saracoteavam ao som de danças europeias. Musicalmente, a elite do Rio de Janeiro, capital do Império desde o remoto 1763, vivia uma onda de encantamento pela ópera e pelo piano.

"O Segundo Reinado representa mesmo a fase áurea de utilização do piano como instrumento musical", diz a pesquisadora Edinha Diniz em *Chiquinha Gonzaga – Uma história de vida*, ao contextualizar a infância de sua biografada. "Impossível pensar a vida social do Rio de Janeiro oitocentista sem registrar a presença indispensável desse instrumento."

Naquele 1856 em que o *Álbum Pitoresco-Musical* foi lançado, o escritor, político e pintor (ex-aluno de Debret) Manuel de Araújo Porto-Alegre apelidou o Rio de "Cidade dos pianos", ou "Pianópolis", tamanha a devoção dos cariocas pelo instrumento – não apenas como gerador de entretenimento, mas como símbolo de status social.

Porto-Alegre tinha razão: a ampliação da estrutura administrativa do Império no Segundo Reinado fizera multiplicarem-se funcionários públicos e profissionais liberais – todos lutando para ascender socialmente. Na impossibilidade de fazê-lo, *parecer melhor* já era meio caminho andado. Para isso, era preciso frequentar a ópera nos teatros Lírico Fluminense e São Pedro de Alcântara, vestir-se conforme a moda parisiense e expor filhos bem-educados. Sobretudo as moças; era preciso fazê-las dedicarem-se às "prendas musicais" – leia-se: ao aprendizado de piano. Mas não a ponto de deixarem de ser diafanamente amadoras.

O repertório operístico-romântico dos italianos Vincenzo Bellini (1801-1835), Gaetano Donizetti (1797-1848) e Gioachino Rossini (1792-1868) comovia os ambientes, e seu grande meio de propagação, avidamente abastecido pela imprensa de música, eram as partituras com trechos de árias – arranjadas para piano solo, canto e piano, piano e flauta, piano e rabeca e piano a quatro mãos. Somava-se a esse repertório a música ligeira, leve, feita para recreação e dança – como as presentes no *Rio de Janeiro – Álbum Pitoresco-Musical* –, e a festa estava garantida. Bastava uma sinhazinha disposta a tirar todos aqueles sons do piano.

2
Pianópolis

ACIMA
Detalhe da partitura de "Flor do abacate"
POLCA DE ÁLVARO SANDIM
PUBLICADA PELA CASA BEETHOVEN,
RIO DE JANEIRO, 1915

AO LADO
Pianoforte da Fazenda Cachoeira Grande
FABRICANTE: BAUMGRDTEN & HEINS,
AMBURGO, ALEMANHA
1860 C.

A zoeira musical que vazava pelas janelas da Pianópolis irritava viajantes estrangeiros, que se referiam ao piano como uma praga a assolar a cidade. Um deles foi o jornalista e político francês Charles Ribeyrolles, que andou por aqui em 1858, exilado por Napoleão III. "O piano faz barulho em todas as salas", registrou ele no livro *Brésil Pittoresque*. "Esse enfadonho [instrumento] pedalista, que não tem nem os grandes sopros nem os cantos do órgão, invadiu tudo, até os depósitos de banana, e matou a conversação."

Emblematicamente, nesse contexto despontaram dois artífices fundamentais na formação da música popular brasileira: Chiquinha Gonzaga (1847-1935) e Ernesto Nazareth (1863-1934), ambos compositores-pianistas com carreiras iniciadas na segunda metade do século XIX.

Quando o *Álbum Pitoresco-Musical* foi publicado, Chiquinha era uma menina de 9 anos incompletos. Dois anos depois, aos 11, numa festa de Natal em família, animada pelo tio flautista Antônio Eliseu, executou ao piano a sua primeira composição. Estava dada a largada para uma trajetória musical inovadora e vitoriosa – como seria, também, a de Ernesto Nazareth. Nascido sete anos depois do lançamento do *Álbum*, Ernesto daria seus primeiros passos musicais ainda sob reinado dos gêneros europeus de salão e do piano enquanto instrumento musical preferido dos cariocas. Essa herança é percebida com clareza nas obras de ambos.

Ernesto compôs cerca de 210 músicas. Em termos numéricos, seus gêneros musicais mais recorrentes (além do tango brasileiro, seu favorito, com 93 títulos) são a valsa (42) e a polca (29). Dona de uma obra estimada em mais de 260 músicas, Chiquinha também cultuou a valsa e a polca. De sua autoria, são conhecidas 48 e 34 delas, respectivamente. Tanto Chiquinha quanto Ernesto criaram, em menor número, quadrilhas

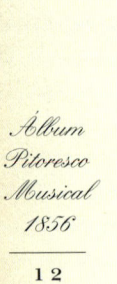

Álbum Pitoresco Musical 1856

e mazurcas. Esses gêneros, somados à esquecida *redowa* tcheca, eram os mesmos contidos no *Álbum Pitoresco-Musical* – ainda que, em 1856, ano de lançamento do álbum, eles fossem mais fiéis às matrizes europeias.

A partir de compositores populares como Chiquinha e Ernesto, deliciosos gêneros musicais mestiços surgiram – entre eles, o tango brasileiro, a polca-lundu, a polca-tango, a polca-cateretê e a quadrilha-rancheira. Ritmos que já começavam a roçar o choro e o maxixe, e quem sabe anteviam o samba.

A música popular feita no Rio de Janeiro – e, em paralelo, no Brasil – encontrava ali, numa promiscuidade exuberante e risonha, o seu mapa da mina.

Teatro São Pedro
CARTÃO-POSTAL ANÔNIMO
DÉCADA DE 1920

Partitura de "Linda"
VALSA DE AURÉLIO CAVALCANTI
EDIÇÃO ANDRÉ A. DA COSTA & C., RIO DE JANEIRO

AO LADO
Ernesto Nazareth
FOTÓGRAFO DESCONHECIDO. 1932
FUNDAÇÃO BIBLIOTECA NACIONAL

NA PÁGINA AO LADO
Peça de publicidade da Casa Beethoven

CASA BEETHOVEN
OUVIDOR 175
RIO DE JANEIRO

*Album
Pitoresco
Musical
1856*

13

ALUGA-SE uma preta, que cozinha, lava e faz compras; no beco da Musica n. 3, sobrado.

ALUGA-SE um preto, para todo o serviço de casa e carregar algum taboleiro; na rua da Quitanda n. 187.

ALUGA-SE o 2.º sobrado da casa da rua da Saúde n. 37, tem commodos para familia e boa vista para o mar.

ALUGA-SE um grande armazem, proprio para deposito; na rua da Mizericordia n. 49.

ALUGA-SE um escravo bom cocheiro; na rua d'Assembléa n. 49.

CONTRA as pedras e areas na bexiga, vende-se no unico deposito, rua do Regente, n. 16, as capsulas gelatinosas com o verdadeiro *gratia probatum*.

COMPRA-SE um crioulinho de 2 a 6 annos, e um molecote para pagem, é para boa casa de familia e paga-se bem, agradando; rua da Assembléa n. 34.

DESEJA-SE arranjar um moço com pratica de fazendas, roupa feita, e tambem curta, mesmo na cidade ou fóra, ou tambem para seguir viagem em companhia de algum mascate; quem o pretender deixe carta no escriptorio desta folha, ou annuncie com as iniciaes S. G.

EMILIA Augusta de Araujo Alves, previne a quem convier, que ella retira-se para fóra de sua casa a bem de tratar de sua saude, se porventura alguem precisar fallar-lhe a respeito do espolio de seu fallecido marido Antonio Joaquim Alves, podem dirigir-se ao seu procurador o Sr. Antonio Maria Valladares, rua do Cano n. 129, para tratar de qualquer negocio a bem do annunciante.

JOÃO Pereira Baptista, retira-se hoje para Portugal no paquete *D. Pedro II*, e julga nada dever.

LIÇÕES de piano para meninas; na rua do Sabão da cidade Nova n. 67. 12 lições 8$000. Ha tambem para vender-se na mesma casa dous pianos proprios para estudo.

LAVA-SE e engoma-se roupa; na rua Nova do Conde n. 151, responde-se pelas faltas.

NO dia 1º de agosto, no logar de Bem-Fica um cachorro da Terra Nova acompanhou a uma pessoa até á casa onde se acha e tem sido tratado com todo o cuidado, quem for seu dono póde dirigir-se em carta fechada com as iniciaes J. D. C. depositada nesta typographia para ser procurado e se lhe entregar o dito cachorro, pagando as despezas, isto é, não se responde-lo por elle senão até o fim deste mez.

NA rua de D. Manoel n. 21, ha uma carta vinda da Bahia para o Illm. Sr. Dr. José Sesenando Avelino Pinho, ausente, ao Illm. Sr. Dr. Sabino Olegario Ludujero Pinho, que se deseja entregar em mão propria, faz-se o presente annuncio por se ignorar sua morada.

NA praça da Constituição, casa do Club Fluminense, ha uma pessoa da provincia de Sergipe, que deseja fallar ao Sr. Luiz Euzebio de Sá. Póde ser procurada ás 9 horas da manhã, e ás 4 horas da tarde até a 24 do corrente.

NA rua do Sacco do Alferes n. 149, aluga-se Numa parda boa ama de leite.

O SENHOR que annunciou para vender uma padaria com as iniciaes B. B., se não tem decidido o negocio, póde dirigir-se á rua do Rosario n. 126, que alli achará uma pessoa para

---

dos os amigos daquelle fallecido que deixárão de receber convite, e a todos roga a caridade de assistirem á missa do setimo dia que manda celebrar pelo descanso eterno de sua alma, na igreja de S. Francisco de Paula, pelas 9 horas da manhã, hoje quarta-feira 20 do corrente mez.

RIO DE JANEIRO.
ALBUM
PITTORESCO-MUSICAL.

composto de *sete peças de musica*, ornadas de lindissimas lithographias, representando *sete vistas do Rio de Janeiro*. Os dezenhos são do Sr. Martinet, feitos *expressamente* para este Album, e impressos em papel da China. Preço do Album, ornado de um frontespicio representando a *entrada da barra*, 10$. As musicas vendem-se tambem em avulso pelos preços abaixo declarados.

NOTA DAS PEÇAS DE QUE SE COMPÕE O ALBUM.

BOTAFOGO, quadrilha,
pelo Sr. Demetrio Rivero . . . . . 1$500

GLORIA, polka,
pelo Sr. E. Ribas . . . . . 1$000

JARDIM BOTANICO, valsa,
pelo Sr. Salvador Fabregas . . . . . 1$500

BOA-VIAGEM, redowa,
pelo Sr. G. Horta . . . . . 1$000

S. CHRISTOVÃO, schottische,
pelo Sr. Q. dos Santos . . . . . 1$000

TIJUCA, POLKA-MAZURKA,
pelo Sr. Goyano . . . . . 1$000

PETROPOLIS, quadrilha,
pelo Sr. Campos . . . . . 1$500

Vende-se em casa dos successores de P. Laforge, editores,

60 RUA DOS OURIVES 60

RUA DE S. JOSÉ N. 56.
SAPATOS DE BORRACHA.

Grande sortimento de sapatos de borracha para homens, senhoras e meninos, de primeira qualidade; bonés de couro da Russia e chapéos de dito; gorras de velludo muito ricas para homens.

VENDE-SE
uma lancha propria para carregar café; para ver em Paquetá, no estaleiro do Sr. Daniel das Chagas, e para tratar, na rua do Hospicio n. 157, de manhã até ás 8 horas, e do meio-dia ás 2 da tarde.

NAVALHAS DE BARBA
DE
MARTINS,

DRAMA.
O — PATRIOTISMO AMERICANO — compra-se a quem o tiver, e paga-se muito bem; na rua de S. Pedro n. 223.

PLANTAS FRUCTIFERAS NACIONAES.
50 Rua de D. Manoel 50

Lazare Mellon, horticultor em Nova Friburgo, tem a honra de prevenir ao respeitavel publico, como tambem aos seus antigos freguezes e amadores, que chegou de Nova Friburgo, com uma bella collecção de plantas fructiferas e aclimatadas neste paiz, e por isso roga aos Srs. amadores de não as confundir com as vindas da Europa.

N. B. O horticultor acima mencionado se obriga a planta-las, no caso que os Srs. compradores o exijão.

DETALHE.

Pecegueiros	12	qualidades
Macieiras	14	»
Pereiras	9	»
Damasqueiros	2	»
Cerejeiras	2	»
Amendoeiras	2	»
Espinhos Venette	1	»
Framboiseiras	2	»
Figueiras	2	»
Videiras	4	»
Morangos	5	»
Marmeleiros	2	»
Ameixieiras	3	»

HOMŒOPATHIA DOMESTICA
CONTENDO A HISTORIA E TRATAMENTO DA FEBRE AMARELLA E DO CHOLERA-MORBUS, ETC.

PELO DR. C. CHIDLOE,
ex-medico do hospital de caridade da capital do Maranhão e da extincta enfermaria de Nossa Senhora da Conceição, á cargo da Santa Casa da Misericordia desta côrte, medico da sociedade União e Beneficencia, etc., etc.

Esta obra, escripta em estylo vulgar, e ao alcance de todas as intelligencias, é de summa utilidade aos que se achão longe dos soccorros medicos, e torna-se recommendavel pela variedade e importancia das materias que contém; vide o annuncio do dia 10 do corrente.

Um volume de 698 paginas, 5$, e 12$ sendo com uma carteira de 32 medicamentos: subscreve-se por 6$ adiantados para a 2ª edicção (2 volumes), contendo a MEDICINA VETERINARIA, etc.

43 Rua do Cano 43.

ESTOPIM
proprio para minas de pedreiras; vende-se na rua da Alfandega n. 31.

LIÇÕES DE ALLEMÃO
GERMAN LESSONS
LEÇONS D'ALLEMAND.

Para as indicações necessarias dirijão-se a esta typographia.

"Acaba de publicar-se um primoroso *Rio de Janeiro – Álbum Pitoresco-Musical*, que recomendamos aos amadores de piano", dizia *O Jornal* em 20 de agosto de 1856. "Os sucessores do sr. P. Laforge não quiseram que este álbum saísse desacompanhado de lindos desenhos. O sr. Martinet o enriqueceu com as vistas de Botafogo, Glória, Jardim Botânico, Boa Viagem, São Cristóvão, Tijuca e Petrópolis."

Um anúncio publicado no mesmo dia no *Correio Mercantil* dava mais detalhes: as "lindíssimas litografias" de Martinet, feitas "expressamente para este álbum", eram impressas em papel da China – um requinte para a época –, e as sete partituras contidas na publicação também podiam ser compradas de forma avulsa, algumas a mil réis, outras a mil e quinhentos. O álbum completo, "ornado de um frontispício representando a entrada da barra [da Baía de Guanabara]", custava dez mil réis. (Para se ter uma ideia, doze aulas particulares de piano custavam oito mil réis, conforme anúncio impresso na mesma página do *Correio*.)

O apuro da edição ia além dos recursos gráficos. Nomes proeminentes da cena musical carioca – hoje lamentavelmente ignorados por nossa historiografia – assinavam aqueles sete temas em tributo a vistas do Rio e adjacências. Quem eram eles, afinal?

O autor de "Botafogo", a brejeira quadrilha em cinco partes que abria a publicação, era Demetrio Rivero, músico portenho que chegara ao Rio em 1843 fugido da ditadura de Juan Manuel de Rosas e que engajara-se recentemente como professor de rabeca do Conservatório de Música, dirigido por Francisco Manuel da Silva, autor do "Hino nacional basileiro". A música seguinte, a polca "Glória", repleta de floreios e com uma terceira parte que lembraria a "Dança das horas" da ópera *Gioconda*, composta anos depois, era assinada pelo nome mais popular daquele grupo, Eduardo Ribas, um barítono de formação italiana, nascido no Porto em família tradicional de músicos, que em sua estada carioca já havia dado voz a Torquato Tasso, papel-título da ópera de Donizetti, e se apresentado em dueto com Augusta Candiani e Rosina Stoltz, divas europeias em turnê pela cidade.

O espanhol Salvador Fabregas, desde 1849 músico-cantor da Imperial Capela, considerada por estudiosos a mais importante instituição musical brasileira do século XIX, compôs a terceira música do álbum, "Jardim Botânico". Era uma valsa melodiosa que começava plangente, *chopiniana*, desaguava em oitavas e terminava sob trovões. Geraldo Horta, criador do quarto tema, "Boa Viagem", uma *redowa* de sonoridades ciganas, era um pianista promissor, cultor da obra de Frédéric Chopin, de quem traduziria uma biografia escrita em francês por Franz Liszt. Horta comporia, dali a alguns anos, uma elegia em tributo ao pianista e compositor norte-americano Louis Moreau Gottschalk – que o próprio homenageado interpretou num concerto apresentado no Rio em 1869, pouco antes de falecer na cidade. Músico amador, secretário de irmandade religiosa e ex-caixeiro de armazém de molhados, Quintino dos Santos era o menos conceituado entre aqueles compositores. Era de sua autoria a música que evocava, no *Álbum*, a região de "São Cristóvão", um *schottisch* com um quê gaiato e malandrinho, que em alguns momentos remetia à "Marselhesa".

"Tijuca", polca-mazurca de sotaque operístico, cheirando a Mozart, vinha na sequência. Era de autoria de um estimado professor de música, o mineiro J. J. Goyanno, violinista da Imperial Capela e mestre de música da Imperial Fazenda de Santa Cruz, antigo reduto jesuíta, onde regia orquestra e coro de escravos que se apresentavam em festas e missas da cidade. Fechava o álbum mais uma qua-

3

O Álbum

ACIMA
Prensa gráfica,
FERRO FUNDIDO, 1870 C. ESTADOS UNIDOS

AO LADO
Anúncio do *Rio de Janeiro - Álbum Pitoresco-Musical*
CORREIO MERCANTIL, 20 DE AGOSTO DE 1856
FUNDAÇÃO BIBLIOTECA NACIONAL

drilha buliçosa em cinco partes, "Petrópolis", assinada por um misterioso A. Campos, compositor efêmero, dono de um irresistível sucesso recente, a valsa "Theresinha", e de duas composições que seriam anunciadas com alarde nos jornais ainda naquele 1856.

O imenso esforço editorial (para os padrões da época) foi recompensado. "A coletânea de peças para piano publicada pelos Sucessores de P. Laforge em agosto de 1856 foi muito bem recebida pelo público carioca, e a edição esgotou-se rapidamente. Foi feita uma reimpressão em 1860", diz a musicóloga Mercedes Reis Pequeno no catálogo da exposição *Rio Musical*, promovida pela Biblioteca Nacional em 1965.

Apesar disso, com o tempo, *Rio de Janeiro – Álbum Pitoresco-Musical* saiu de cima dos pianos e virou item de colecionador. Outras ondas musicais desaguaram com força – o choro, o maxixe, o tango brasileiro. O próprio reinado do piano entrou em lento declínio. Despontava no horizonte a nova coqueluche carioca – o violão.

Em 1952, pouco menos de um século depois do lançamento do *Álbum*, o historiador e musicólogo cearense Mozart de Araújo se deparou com um raro exemplar num sebo em Paris, na França – e o trouxe para o Rio. O intelectual e pintor paulista João Fernando de Almeida Prado também possuiu um deles em seu acervo. "É documento da maior importância para a história da música popular no Rio de Janeiro", ele anotou na primeira página do álbum. Um terceiro apareceria misteriosamente no acervo da British Library, em Londres, na Inglaterra. E mais outro, em uma prateleira da Livraria Kosmos Editora, no Centro.

Foi a partir desse exemplar – que em seguida passou para as mãos de um "colecionador não identificado" e sumiu dos radares, segundo Lygia da Cunha, veterana bibliotecária da Biblioteca Nacional – que a Kosmos publicou, em 1957, a primeira reedição, fac-similar, do *Álbum Pitoresco-Musical*. Cento e um anos depois de seu lançamento original, o *Álbum*, finalmente, voltava às vitrines cariocas.

Preparada em Amsterdã, a reedição trazia encartado um disco de dez polegadas com os sete temas musicais interpretados pelo pianista vienense Friedrich Egger[2]. Por ocasião do sesquicentenário de nascimento de dom Pedro II, em 1975, a Kosmos lançou uma nova fornada da publicação. Em 1980, o disco esgotou-se, passando a editora a comercializar os álbuns com o acréscimo de um folheto biográfico, *Joseph-Alfred Martinet, um litógrafo no Rio de Janeiro*, de autoria de Lygia da Cunha, para compensar a ausência das gravações de Egger.

Em 1978, a pianista paulista Clara Sverner realizou a segunda gravação daqueles sete temas musicais. Ocuparam o lado A de seu LP *Rio de Janeiro*[3]. O lado B trazia a primeira gravação brasileira dos dois cadernos de *Saudades do Brasil (Suite de danses)* que o compositor francês Darius Milhaud (1892-1974) publicou em 1922, quatro anos depois de deixar nosso país.

Clara não foi a primeira a perceber a afinidade entre *Rio de Janeiro – Álbum Pitoresco-Musical* e *Saudades do Brasil*, que o escritor Alexandre Eulálio bem definiria como uma evocação das "salas burguesas dos velhos bairros meio tristes onde moravam as derradeiras personagens de Machado de Assis". O emprego de nomes de bairros e de arredores do Rio como títulos dos doze curtos números de Milhaud – incluindo Botafogo e Tijuca, também homenageados no *Álbum* – levaria estudiosos a suspeitarem que o compositor francês teve em suas mãos, durante a temporada carioca, um exemplar da publicação dos Sucessores de P. Laforge.

2 Código do disco: Odeon PR 1286
3 Código do disco: EMI-Odeon 064 4222707

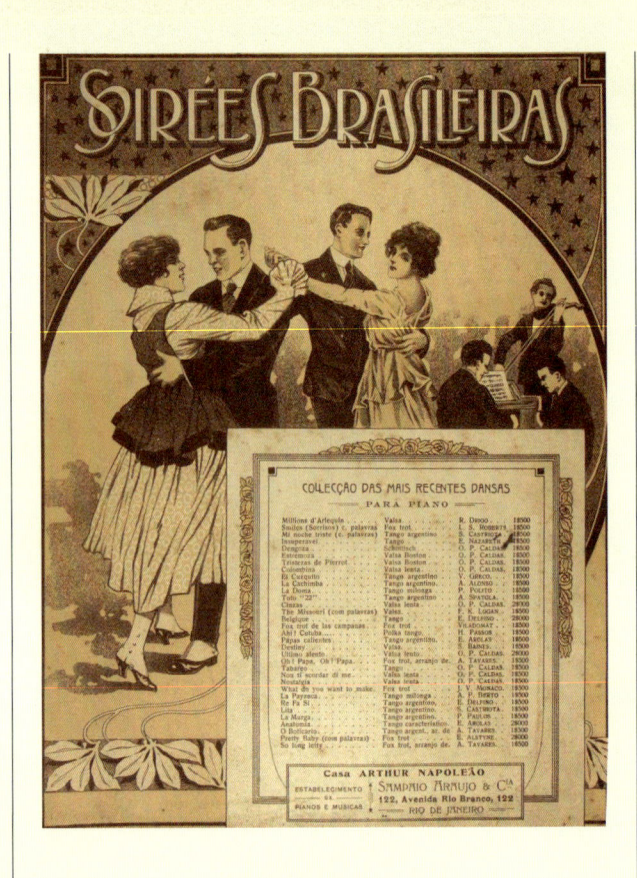

ACIMA

Partitura de "Sustenta a... nota..."

TANGO CARACTERÍSTICO DE ERNESTO NAZARETH

PUBLICADA PELA CASA ARTHUR NAPOLEÃO,

RIO DE JANEIRO, 1919

As músicas do *Álbum* ainda não continham as síncopes que tanto encantaram Milhaud, quando, em 1917, caiu no Carnaval, no maxixe e no tango brasileiro em pleno Rio de Janeiro. Mas é possível que o inspirado compositor já tenha percebido ali, naquelas antigas polcas, valsas e quadrilhas oitocentistas, uma centelha do "*petit rien* tão tipicamente brasileiro" que, segundo ele, fazia a nossa música ser única no mundo – e que tantas saudades em seu coração deixaram.

"Caboclo de Caxangá
Mim também vem cá."
(Villa-Lobos)

SAUDADES DO BRASIL

Foto mandada para o Brasil por Darius
Milhaud após sua volta à França.
AUTOR DESCONHECIDO, 1919.
ARQUIVO BERNARD GUERRA, PARIS.

O tipo de repertório contido no *Rio de Janeiro – Álbum Pitoresco-Musical*, de raiz europeia, pavimentou caminhos musicais não apenas para compositores-pianistas como Chiquinha Gonzaga e Ernesto Nazareth, mas para toda uma geração de músicos populares cariocas nascidos no Segundo Reinado. Através do contato com a chamada música ligeira (ou leve), na forma de polcas, quadrilhas, mazurcas, valsas e *schottisches*, as camadas menos favorecidas, infladas pela abolição do tráfico de escravos no Brasil em 1850 e pela decadência da cultura do café no Vale do Paraíba nas décadas seguintes, maturaram o choro e o maxixe, considerados os estilos musicais brasileiros mais importantes nascidos no século XIX.

Em *Raízes da música popular brasileira*, o historiador e musicólogo Ary Vasconcelos afirma que "a princípio, evidentemente, todos esses gêneros musicais europeus serão executados, no Brasil, em sua forma original. Mas, a partir de 1850 [seis anos antes, portanto, da publicação do *Álbum Pitoresco-Musical*], nota-se que essa música alienígena ganha características particulares, ou seja, começa a se abrasileirar". Ary continua: "Essas danças europeias começavam a se aculturar com as danças brasileiras, em fenômeno que [o pianista e folclorista] Aloysio de Alencar Pinto chamou adequadamente de *climatização tropical*". Por volta de 1870, sublinha Ary, surgiu no Rio de Janeiro o choro, ainda não como um gênero musical, mas como "um *jeito brasileiro de se tocar a música europeia da época*: valsas, polcas, *schottisches*".

Segundo o pesquisador José Ramos Tinhorão em sua *Pequena história da música popular*, seria "dessa descida das polcas dos pianos dos salões para a música dos choros, à base de flauta, violão e oficleide, que iria nascer a novidade do maxixe, após vinte anos de progressiva amoldagem daquele gênero de música de dança estrangeira a certas constâncias do ritmo brasileiro". Tinhorão ainda destaca: "Esse curioso processo de sincretismo, realizado ignoradamente ao longo da evolução cultural das camadas mais baixas da população do Rio de Janeiro, na segunda metade do século XIX, está ligado à história do choro carioca, e só pode ser compreendido com o conhecimento das suas particularidades".

Assim, podemos dizer que os choros primitivos eram, na verdade, polcas tocadas à moda brasileira, ou seja, polcas que incorporavam a síncope do batuque. É o que conclui o historiador Jairo Severiano em *Uma história da música popular brasileira*: "À proporção que o tempo avançou, cresceu a influência nacional, tornando o choro mais sincopado, embora tenha permanecido, de modo geral, a forma de rondó de três partes, herdada da polca."

O processo da transformação da música europeia em brasileira já pode ser percebido, especificamente, no *Rio de Janeiro – Álbum Pitoresco-Musical*, aponta o estudioso David P. Appleby em *The Music of Brazil*.

Como primeiro exemplo, Appleby destaca a polca "Glória", de Eduardo Ribas. Apesar de conter fragmentos rítmicos da vibrante polca europeia, a composição de Ribas, aponta Appleby, já apresentava um quê de "langor tropical", sugerido pela indicação de *molto expressivo* (muito expressivo, vagaroso, suave) presente alguns compassos depois da introdução.

Outro exemplo dado por Appleby é a polca-mazurca "Tijuca", de J. J. Goyanno, segundo ele "uma adaptação ainda mais livre das danças europeias". Appleby observa que a acentuação no terceiro tempo, típica da mazurca europeia, é obtida por Goyanno, em vários compassos, pelo uso da ligadura – prenúncio da síncope que tanta personalidade daria, no futuro, à música popular brasileira.

4
Da polca ao choro

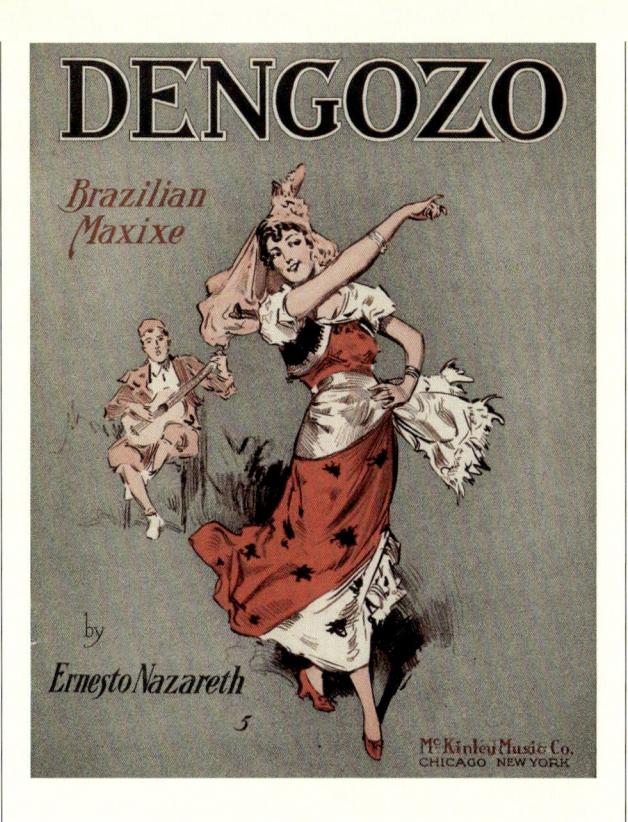

ACIMA

Partitura de "Dengoza"
Maxixe de Ernesto Nazareth

PUBLICADO POR MC KINLEY MUSIC CO, NOVA YORK

1930 C.

COLEÇÃO PARTICULAR

AO LADO

Detalhe da partitura de "Sem encostá não vai!"

MAXIXE CARNAVALESCO DE PAULO TAVES

EDITORA DESCONHECIDA

S/D

NA PÁGINA AO LADO

La Matchiche (c'est la danse nouvelle)
As atrizes Fanny e Alice de Tender.

PHOTO STEBBING, CARTÃO-POSTAL, PARIS 1910

Álbum Pitoresco Musical 1856

Ao adquirir a imprensa de música do francês Pierre Laforge em 1853, o dono da Salmon & Companhia[4] achou por bem manter, de certa forma, o nome do antigo concorrente. A partir daquele ano, as partituras que saíssem da tradicional imprensa de música localizada à rua dos Ourives[5], 60, no Centro, trariam na capa os dizeres "publicada pelos Sucessores de P. Laforge". Por que abrir mão do prestígio de Laforge, o veterano "abridor e impressor de música"?

Oboísta e flautista natural de Perpignan, cidade ao sudoeste da França, Laforge chegou ao Rio de Janeiro em 1816, pouco depois de a Missão Francesa trazer Debret, Taunay e Grandjean de Montigny para o calor dos trópicos – o que se deu graças à queda de Napoleão, em 1815, e à reaproximação de Portugal e França.

As portas da Corte se abriram para Laforge: em pouco tempo, era nomeado flautista da Real Câmara, nome pomposo que designava os aposentos de dom João VI e dona Carlota Joaquina no Paço, e da Real Capela, a célebre instituição musical dirigida pelo padre brasileiro José Maurício Nunes Garcia e pelos europeus Marcos Portugal e Fortunato Mazziotti, responsável pela música das celebrações religiosas assistidas pela Família Real. Segundo a cravista Rosana Lanzelotte, é possível que Laforge e Sigismund von Neukomm, compositor e pianista austríaco, discípulo de Haydn, que viveu no Rio entre 1816 e 1821, tenham sido bons camaradas. "Não há certeza sobre a identidade do flautista virtuose com quem [Neukomm] tocava [no Rio]", disse Rosana em entrevista recente ao *Correio Braziliense*. "Poderia ser Laforge, chegado no mesmo ano [na cidade]."

Em 1831, a abdicação de dom Pedro I pôs fim a quinze anos de relativa calmaria. Sem dinheiro e sem imperador, o Ministro dos Negócios da Justiça, Manuel José de Souza França, extinguiu a orquestra da Imperial Capela (desde 1822, com a Independência, não mais *Real* Capela), restando a Laforge partir para outra atividade. Em 1834, ele fundou uma estamparia com imprensa de música à rua do Ouvidor[6]. Houve outras iniciativas, anteriores à dele, de se estabelecer o negócio na cidade – mas foram esporádicas e efêmeras. Ao que tudo indica, Laforge "foi o primeiro a se estabelecer regularmente no Rio de Janeiro com uma imprensa de música"[7].

Nos quase vinte anos em que Laforge esteve à frente do estabelecimento, até passá-lo adiante para Salmon em 1853, o suprassumo da música feita na capital do Império saiu daquelas prensas – de forma avulsa ou em "encadernações mimosas", conforme anúncios publicados em jornais da época. Eram obras de José Maurício Nunes Garcia, Cândido Inácio da Silva, Gabriel Fernandes da Trindade, Francisco Manuel da Silva, Januário da Silva Arvelos, entre outros influentes compositores do período – incluindo dom Pedro I, autor do "Hino da independência".

O ano em que Salmon assumiu o negócio foi o ano em que Laforge desapareceu para sempre do noticiário. Uma pista pode estar na lista publicada pelo *Periódico dos pobres* de vítimas de um naufrágio ocorrido em 1852, na barra do Porto, em Portu-

5
—
Laforge

---

4 Provavelmente Leopoldo Luiz de Salmon, também dono de uma estamparia com imprensa de música na rua Matacavalos, 212, segundo o *Almanaque Laemmert* de 1860.

5 Rua que seria cortada, no futuro, pela avenida Presidente Vargas, dividindo-se em Rodrigo Silva e Miguel Couto.

6 A loja de Laforge ficava no número 149, segundo Mercedes Reis Pequeno em *A impressão musical no Brasil*. Para Lino de Almeida Cardoso, em *Subsídios para a gênese da imprensa musical brasileira e para a história do Hino da Independência, de dom Pedro I*, o número era 154. É consenso que em 1837 a loja passou para a rua da Cadeia (hoje Assembleia), 89. Em 1851, finalmente, para a rua dos Ourives, 60.

7 PEQUENO, Mercedes Reis. *A impressão musical no Brasil*.

Laforge liquidado o seu negócio no ano seguinte e regressado à Europa para resolver questões familiares, em consequência da tragédia envolvendo a morte de um parente homônimo? Ou seria ele o próprio náufrago? A coincidência de nomes e a proximidade de datas leva a pensar.

O que importa é que Salmon & Companhia, então Sucessores de P. Laforge, seguiram adiante, lançando, já naquele ano, o *Álbum de 1853 de dom José Amat*, e, dali em diante, um sem-número de partituras de quadrilhas, árias, polcas, cançonetas, cavatinas, modinhas e canções – incluindo, em 1856, o *Rio de Janeiro – Álbum Pitoresco-Musical*.

Em 1869, Narciso José Pinto Braga, ex-empregado de uma loja de música e pianos, arrematou várias imprensas de música, entre elas a dos Sucessores de P. Laforge. Com a entrada do pianista português Arthur Napoleão na sociedade, a loja passou a chamar-se Narciso & A. Napoleão – embrião da célebre Casa Arthur Napoleão, que publicaria, no futuro, obras de Ernesto Nazareth, Chiquinha Gonzaga, Carlos Gomes, Leopoldo Miguez e as primeiras composições de Heitor Villa-Lobos. Em 1968, por fim, o catálogo – na casa dos milhares de itens – passou a pertencer à editora Fermata do Brasil.

E pensar que tudo começou, por teimosia de um francês, numa pioneira estamparia de música na rua do Ouvidor.

NA PÁGINA AO LADO
Rua do Ouvidor
Marc Ferrez
1890 C., COLEÇÃO GEORGE ERMAKOFF

ACIMA
Passeio Público
Litografia de Pieter Bertichen
IN *BRASIL PICTORESCO E MONUMENTAL*, 1856
MUSEU IMPERIAL DE PETRÓPOLIS

AO LADO
Arthur Napoleão ao piano
1860 C., LITOGRAFIA, PORTUGAL,
COLEÇÃO PARTICULAR, LISBOA

Vinte anos, estatura mediana, pele clara, olhos castanhos, nariz e boca regulares, pouca barba e rosto comprido. Assim era o francês Joseph-Alfred Martinet em 18 de janeiro de 1841, na descrição da Polícia de Imigração do Rio de Janeiro, ao desembarcar do pequeno navio *Béranger* quase dois meses depois de partir da cidade portuária Le Havre, na Alta Normandia francesa. Profissão? Pintor. Endereço de moradia? Rua da Ajuda, 6. Pretensão? Estabelecer-se como retratista, pintor de paisagens e professor de pintura e desenho na capital do Império do Brasil.

Ainda que influenciado pela trajetória épica de artistas como Jean-Baptiste Debret – que publicara havia dois anos em Paris, aos 71, o terceiro e último volume da sua *Voyage pittoresque et historique au Brésil* –, Martinet honrava, sobretudo, a tradição secular de sua família. Gerações de Martinet tinham se dedicado às artes visuais e, principalmente, às gravuras.

Ainda no século XVIII, François-Nicholas, Angelique e Marie-Thèrese Martinet fizeram fama como gravadores em cobre, a buril. François criou pranchas para duas publicações históricas: *Histoire et description de Paris* e *Histoire des oiseaux*. Pouco depois, outro Martinet, Pierre, se destacou num tipo menos custoso de gravura em que se desenhava sobre pedra porosa com uma espécie de lápis gorduroso – era a litogravura, técnica que prevaleceria à gravura em metal a partir do século seguinte. Achille-Louis e Alphonse Martinet, contemporâneos do emigrado Joseph-Alfred, também foram gravadores de renome. Ambos – mais o já citado Pierre – expuseram no prestigiado Salon de Paris, no Museu do Louvre, sendo que Achille ainda obteve o Prix de Rome e medalhas na Exposition Universelle.

Com genes tão favoráveis, nosso Martinet não demorou a colher frutos como retratista, pintor e professor no Rio de Janeiro. Dava aulas em casa, na rua do Lavradio, 23 (depois se mudou para o número 20). Seguindo os passos do antepassado Pierre, passou a atuar também como litógrafo, inaugurando em 1855, quatorze anos depois de sua chegada, sua própria oficina de litogravura – especializada em "estampas para desenho" e, mais tarde, em "registros de santos", segundo o *Almanaque Laemmert*. Ficava na rua da Ajuda, 113. Após mais quatorze anos, em 1869, instalou-a em novo endereço: rua São José, 53.

"Embora não citado por dicionários europeus," diz Lygia da Cunha no artigo *Joseph-Alfred Martinet, um litógrafo no Rio de Janeiro*, Martinet "se revela no Brasil um litógrafo de alto padrão, conseguindo nos seus trabalhos uma perfeição técnica invulgar, pelo que se infere já haver chegado ao Rio de Janeiro com o aprendizado técnico terminado".

6
Martinet

ACIMA
Vista do Rio de Janeiro
LITOGRAFIA AQUARELADA, 1847
FUNDAÇÃO BIBLIOTECA NACIONAL

NA PÁGINA AO LADO
Le Coq hupé
François-Nicholas Martinet
GRAVURA IN *ORNITHOLOGIE, HISTOIRE DES OISEAUX* 1792
SMITHSONIAN INSTITUTE

Joseph-Alfred Martinet
Pão de Açúcar, Igreja da Glória, Cais da Glória
LITOGRAFIA AQUARELADA, 1847
FUNDAÇÃO BIBLIOTECA NACIONAL

Em cerca de trinta anos de carreira passados no Rio de Janeiro, Martinet produziu talvez uma centena de estampas, representando vistas, paisagens, retratos, santos, costumes e acontecimentos. Colaborou com estamparias e tipografias de renome, a exemplo da Heaton e Rensburg e da G. Leuzinger, comercializando, a altos preços, estampas avulsas ou em série, que eram recebidas com calor pelos cariocas. Conforme um efusivo anúncio do *Jornal do Commercio* em 1845, uma coleção assinada por Martinet, de seis vistas da Baía de Guanabara em panorama circular, custava nada módicos quinze mil réis.

Atuando também sob encomenda, Martinet criou ilustrações para o famoso *Almanaque Laemmert*, entre outros almanaques comerciais, executou retratos litografados de Gonçalves de Maga-lhães (para o clássico *A confederação dos Tamoios*, de autoria do escritor), de dom Pedro I (para a capa da partitura da valsa "O brado do Ipiranga", do maestro Giannini) e as sctc vistas de *Rio de Janeiro – Álbum Pitoresco-Musical*, editada pelos Sucessores de P. Laforge, entre outros trabalhos – todos amplamente divulgados nos jornais.

Nas décadas de 1860 e 1870, o nome de Martinet desaparece da imprensa carioca. A fotografia se populariza, atendendo a certas demandas de forma mais sedutora que a litogravura. Acompanha-se Martinet por notinhas de jornal. Em 1863, perde um filho, Fernando, de dois anos. Em 1867, oficializa a união com a companheira, dona Margarida Rosa. Em 1871, perde mais um filho, Alberto, de 5 anos. Em 1877, é agredido numa briga com vizinhos, em sua residência na rua Braça de Ouro, no Andaraí Grande. Em 1888, aos 62 ou 67 anos, viúvo, dá fim à própria vida com um tiro de pistola no ouvido[8]. Deixou um bilhete pragmático ao filho, dando instruções e pedindo que "não acusem a ninguém da minha morte; fi-la pessoalmente". Dois anos depois, foram à praça suas poucas posses – que incluíam dez pedras litográficas avaliadas em 56 mil réis.

A importância de Martinet como artífice de uma preciosa iconografia do Rio de Janeiro imperial ainda está para ser dimensionada – apesar de ele ter um entusiasta no historiador Gilberto Ferrez, neto do pioneiro fotógrafo Marc Ferrez. Para Gilberto, "a mais bela litogravura da enseada e Praia dc Botafogo, e *possivelmente a mais bela litogravura já executada no país*" tinha um autor. Chamava-se Joseph-Alfred Martinet.

8 Há discrepância de idades. Segundo registro na Polícia de Imigração, Martinet tinha vinte anos em janeiro de 1841. Em janeiro de 1888, portanto, teria 67 anos. O único jornal a divulgar a idade do falecido publica outra: 62 anos. Teria ele aumentado a idade ao desembarcar no Rio ou foi apenas um erro do jornal?

Álbum Pitoresco Musical 1856

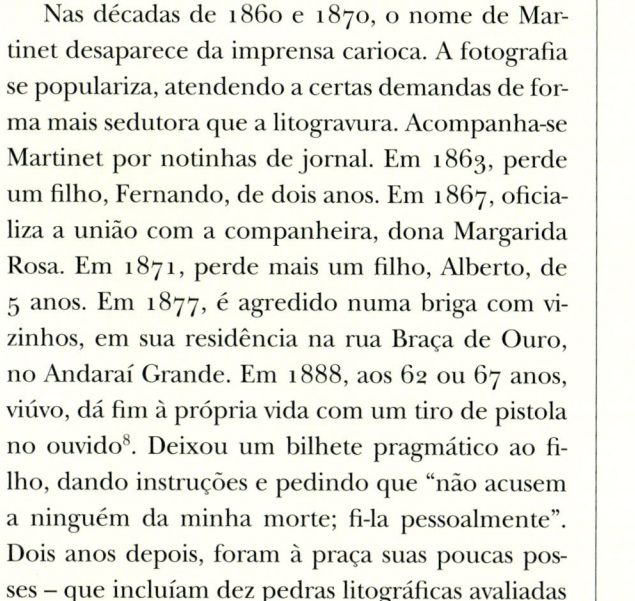

DEMETRIO RIVERO

Nascimento: 1822, Buenos Aires, Argentina
Falecimento: 31/03/1889, Rio de Janeiro, Brasil

El músico que cantó a la Liberdad – assim era conhecido Roque Rivero, intempestivo pianista e compositor portenho atuante em Buenos Aires nas primeiras décadas do século XIX, hoje considerado um dos precursores da música argentina. O epíteto solene tinha um motivo idem: o firme posicionamento político de Roque nos tempos conturbados da Revolução de Maio (1810) e da guerra pela independência argentina (1816).

Roque ensinava música ao filho, Demetrio, menino-prodígio que atuava como concertista já aos 10 anos, em 1832, executando peças virtuosísticas ao violino. O segundo governo de Juan Manuel de Rosas, iniciado em 1835, mudou a trajetória dos Rivero. Adversário político do governador, Roque fugiu com Demetrio para Montevidéu no princípio da década de 1840 – segundo o jornal uruguaio *El Nacional*, "*emigrado de la capital de Buenos Aires, por abrazado la Justa Causa, que hoy defendem los libres de la América del Sud*". Pai e filho passariam seis anos naquela capital.

Demetrio não demorou a arranjar trabalho em Montevidéu como instrumentista, diretor de orquestra e compositor. Com cerca de 20 anos, compôs "Variaciones para violín sobre motivos de la ópera de Bellini *I Capuleti ed i Montecchi*" e um "Himno patriótico", entoado em um melodrama heroico, *Amazampo*, diante da tumba cenográfica do imperador inca Manco Capac.

Em 1843, os Rivero partiram para o Rio de Janeiro. Um ano depois, Demetrio conseguiu uma vaga como violinista da Imperial Capela, a mais importante instituição musical brasileira do período, dirigida pelo mestre de capela Francisco Manuel da Silva.

Mais dois anos e Demetrio chegou aos palcos teatrais, assinando a música de um drama-*vaudeville* em três atos, *A sonâmbula*, em cartaz no Teatro de São Francisco, na rua São Francisco de Paula (hoje Luís de Camões). Em 1849, vinculou-se como mestre de música à companhia do lendário ator, diretor e empresário João Caetano dos Santos, que ocupava o Teatro de São Januário, na rua do Cotovelo (desaparecida com o arrasamento do morro do Castelo). Entre seus colegas de trupe estava o ator Martinho Correia Vasques, irmão mais velho de Francisco, aquele que o futuro consagraria como o lendário "ator Vasques".

Entre as peças que subiram ao palco do Teatro de São Januário com música original de Demetrio estavam a oratória em cinco atos *A degolação dos inocentes* (1849), apresentada "em solenidade ao aniversário natalício de Sua Majestade a Imperatriz Teresa Cristina", na presença da família imperial; a mágica *Pílulas do diabo* (1849); e o drama sacro *Moisés e Faraó* (ou *A passagem do mar Vermelho*) (1850). Em 1851, João Caetano levou sua companhia para o Teatro de São Pedro de Alcântara, onde Demetrio regeu a ópera *O fantasma branco*, com libreto de Joaquim Manuel de Macedo, e compôs, ensaiou e dirigiu a parte musical do drama *O capitão de fragata* (ou *A salamandra*), também apresentado para a família imperial, dessa vez por ocasião do aniversário da Princesa Isabel.

Em paralelo ao trabalho no teatro musicado e na Imperial Capela (onde atuou até 1853), Demetrio dava aulas particulares de piano, violão e violino, na praça da Constituição, 9. Por ser um dos primeiros professores de violão a figurar no *Almanaque Laemmert* em meados da década de 1840, estudiosos o consideram um pioneiro no ensino do instrumento ainda marginalizado pela elite carioca.

Em 1855, o Conservatório de Música foi reorganizado, passando de instituição privada, apenas reconhecida e subvencionada pelo governo, a oficial, filiada à Imperial Academia de Belas-Artes (da qual tornou-se a quinta seção). Naquele momento, os homens estudavam no Museu Nacional (onde

---

7

Os sete

funciona hoje o Arquivo Nacional) e as mulheres em uma escola de ensino só para moças na rua dos Barbonos (atual Evaristo da Veiga), 10.

Sob direção de Francisco Manuel da Silva, Demetrio integrou o novo corpo docente da instituição, ministrando aulas de violino às terças e sextas, das oito às dez horas da manhã.

As primeiras partituras de músicas de Demetrio saíram do prelo em meados daquela década. "Os últimos momentos da rainha de Portugal, a senhora dona Maria II", uma "grande valsa sentimental", é a primeira de que se tem notícia, em 1854. Dois anos depois, o *Álbum de Armia – Gemidos sobre túmulo de uma brasileira* trouxe "A visão", música composta por Demetrio sobre poema de Albano Cordeiro. No mesmo ano (1856), também foram publicadas a canção "Ao prazer", a polca "Gabriella" e a quadrilha "Botafogo" (no *Rio de Janeiro – Álbum Pitoresco-Musical*).

No teatro musicado, Demetrio varou a década como arranjador (*As primeiras proezas de Richelieu*, 1855), ensaiador (*O duende*, 1856) e, sobretudo, compositor (*O primo da Califórnia*, 1855; *O cavaleiro d'Essonne*, 1856; *Meu nariz! Meus olhos! Minha boca!*, 1859; *As recordações da mocidade*, 1863; *Um francês na Espanha*, 1863). Todos os espetáculos em que colaborou aconteceram no teatro da rua Francisco de Paula, então rebatizado de Teatro Ginásio Dramático.

Em setembro de 1861, ofereceu-se para tocar na orquestra de *A noite do Castelo*, ópera de estreia de um querido discípulo – o maestro Carlos Gomes –, levada ao palco do Teatro Lírico Fluminense. Nos anos seguintes, participou como violinista de inúmeros concertos beneficentes.

As décadas de 1860, 1870 e 1880 foram consagradas, sobretudo, aos alunos – particulares e do Conservatório. Os primeiros, Demetrio recebia em casa – na rua do Hospício (atual Buenos Aires), 235, e, numa segunda fase, na rua da Boa Viagem, 4, em São Domingos, Niterói. A aluna Judith Ribas, irmã do barítono Eduardo Ribas e futura avó da pianista Carolina Cardoso de Menezes, compôs uma valsa, "Marina", em sua homenagem – dedicou-a "*a son excellent ami monsieur le professeur* Demetrio Rivero".

No Conservatório, Demetrio lecionou por 34 anos. Foi colega de Henrique Alves de Mesquita (que ensinava "Rudimentos e solfejo para o sexo masculino") e Joaquim Callado (professor de flauta) e docente do violinista italiano Vincenzo Cernichiaro, futuro autor do referencial *Storia dela musica nel Brasile* (na obra, escrita em 1926, Cernichiaro descreveria o mestre como "um violinista destacado, de forte e ágil execução"). Em 1879, uma alegria: Demetrio e Callado foram agraciados com o grau de Cavaleiros da Ordem da Rosa, pelos relevantes serviços prestados como docentes do Conservatório.

Demetrio Rivero faleceu no Rio em março de 1889. Sua importância cresceria com o tempo. Novos estudos feitos na Argentina apontam o ex-menino-prodígio do violino como o primeiro violinista de concerto e o primeiro autor de óperas nascido naquele país – mesmo que sua trajetória vitoriosa tenha sido construída, por 46 anos, sobre solo carioca.

OBRA MUSICAL[9]

"A parasita" (modinha) [sobre poema de Mello Moraes Filho] | "A visão" (canto e piano, 1855) [do *Álbum de Armia – Gemidos sobre túmulo de uma brasileira*, sobre poesia de Albano Cordeiro] [Fundação Biblioteca Nacional – FBN] | "Amor como Deus manda (Eu amo assim)" (canção, 1861) [versos de Paula Brito] [distribuída em *A Marmota*] | "Anjo dourado" (modinha) | "Ao prazer" (canção, 1856) [cantada no drama *A dama das camélias*] | "Botafogo" (quadrilha, 1856) [do *Rio de Janeiro – Álbum Pitoresco-Musical*] | (Cavatina) | "Chama de amor" ("As chamas de amor") (noturno para duas vozes, 1864) | "Eloísa" (polca, 1857) ["dedicada à exímia prima-dona brasileira, a senhora dona Eloísa Marechal"] | "Fantasia concertante de piano e violino" (fantasia) [sobre a ópera *La Traviata*, de Verdi] ["dedicada ao exímio artista dramático e exímio pianista Luiz Candido Furtado Coelho por seu admirador D. R."] [BAN-UFRJ] | "Fantasia concertante de piano e violino" (fantasia) [sobre a ópera *Um ballo de machera*, de Verdi] [BAN-UFRJ] | "Gabriella" (polca, 1856) | "Himno Patriótico" (hino, circa 1840) [do melodrama heroico uruguaio *Amazampo*] | "J'aime a te voir" (romance, 1868) [da coleção *Grinalda de romances franceses para canto com acompanhamento de piano*] | "O pedestre amoroso" (ária cômica, 1861) [cantada pelo ator Martinho Correia Vasques no Teatro de São Pedro de Alcantara] | "O sr. José do capote" (quadrilha, 1857) [dedicada ao ator Antonio José Areias] | "Oh, dites moi!" (romance, 1868) [da coleção *Grinalda de romances franceses para canto com acompanhamento de piano*] | "Por entre as trevas da noite" [da coleção *Flores do Brasil – Coleção de modinhas, romances, cançonetas, recitativos, lundus etc etc para canto e piano*] | "Por te amar sem esperança" [da coleção *Flores do Brasil – Coleção de modinhas, romances, cançonetas, recitativos, lundus etc. etc. para canto e piano*] | (Romance) [adaptação de "Dialogué avec le violon", romance de Arthur Napoleão] | "Tema con variaciones" (1845) [dedicado ao violinista Candian] | "Últimos momentos da rainha de Portugal, a senhora dona Maria II" (grande valsa, 1854) ["oferecida a suas Majestades Imperiais pelo autor e pelo editor Paula Brito"] [distribuída em *Marmota Fluminense*] | Valsa caprice (valsa) ["dedicada à soprano Rosine Stolz"] | (Valsa) (valsa, 1858) [dedicada à sublime artista madame de la Grange] [executada pela primeira vez por orquestra no Teatro Ginásio Dramático] | "Variaciones para violín sobre motivos de la ópera de Bellini *I Capuleti ed i Montecchi*" (circa 1840)

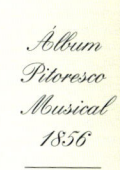

---

[9] Levantamento parcial, considerando bibliografia selecionada, jornais da época e acervos da Fundação Biblioteca Nacional e da Biblioteca Alberto Nepomuceno da UFRJ. As partituras disponíveis nesses acervos estão assinaladas com FBN e BAN-UFRJ, respectivamente.

EDUARDO RIBAS

Nascimento: 25/03/1822, Porto, Portugal
Falecimento: 08/06/1884, Rio de Janeiro, Brasil[10]

Em outubro de 1844, a elite carioca lotava o Teatro Provisório, no Campo da Aclamação, para assistir ao barítono português Eduardo Ribas sofrer, em luxuosos figurinos, as dores de amor do poeta Torquato Tasso. Era a primeira montagem brasileira da ópera homônima de Gaetano Donizetti, estrelada por Ribas e pela diva italiana Augusta Candiani, sob a batuta do maestro João Victor Ribas, um dos sete irmãos músicos do cantor. Fora dos palcos, sinhazinhas suspiravam ao ver o dândi Ribas flanar pela cidade, em seu itinerário entre a teatral Praça da Constituição e a Igreja Nossa Senhora do Carmo (sede da Imperial Capela, onde ele tocou violoncelo), com seu característico porte "varonil e ereto, que impunha respeito sem, contudo, alhear as simpatias", segundo um simpático relato da época.

Eduardo Medina Ribas tinha 22 anos e chegara ao Rio em 1843. Fazia parte da terceira geração de uma família de músicos prestigiados – tradição que remontava a seu avô espanhol José, chefe de banda militar, e que lhe fora transmitida por seu pai, Juan António, compositor, multi-instrumentista e maestro do Teatro São João, no Porto. Ribas começou estudando trompa, aprendeu clarim e formou-se barítono na Itália, entre 1841 e 1842. No Rio, atuou com sucesso até 1846, quando se desentendeu com Candiani, abandonou a companhia e voltou para Portugal, onde se vinculou ao célebre Teatro Nacional de São Carlos, principal casa de ópera de Lisboa.

10 Segundo nota de falecimento em *Gazeta de Notícias*, em dezembro de 1884, Ribas morreu aos 68 anos – logo, teria nascido em 1815 ou 1816. Optou-se aqui pela data publicada no sítio virtual sobre a família Ribas mantido por descendentes. Assim, sabemos que ao morrer tinha 62 anos.

ACIMA
Eduardo M. Ribas
LITOGRAFIA, 1846
FUNDAÇÃO BIBLIOTECA NACIONAL

Em 1852, seis anos depois, voltou ao Rio, para integrar uma companhia de ópera italiana liderada pela lendária *mezzo*-soprano francesa Rosina Stoltz, e que tinha João Victor, seu irmão, como regente. Na ópera *La favorite*, de Donizetti (quem mais?), causou furor no papel de Carlos IV. "Já sabíamos que o sr. Eduardo Ribas era um artista de grande talento; ignorávamos, porém, que fosse capaz de cantar e representar, como o fez, a parte do rei insensato", disse o *Correio Mercantil*. "O olhar indeciso e atônito do homem cuja inteligência morreu, o rir estridente do louco, enfim, Carlos VI velho, idiota, acabrunhado pela desgraça, foi admiravelmente compreendido por este artista. Ao terminar o magnífico dueto do Carlos VI, madame Stoltz e o sr. Ribas foram chamados à cena e vitoriados com novas palmas e novas flores."

Flores não garantiam sustento – nesse mesmo ano, Ribas publicou no *Almanaque Laemmert* o primeiro anúncio em que se divulgava professor de piano e de canto. Era o início de uma longa carreira de docência musical.

Em 1856, compôs músicas para dois álbuns de partituras históricos. O primeiro a sair do prelo, em janeiro, foi o tétrico *Álbum de Armia – Gemidos sobre o túmulo de uma brasileira*, com poemas de Albano Cordeiro musicados por diversos compositores, para o qual contribuiu com "A noite silenciosa". O segundo, *Rio de Janeiro – Álbum Pitoresco-Musical*, veio à luz em agosto, e apresentava a sua polca "Glória".

No ano seguinte, Ribas participou da inauguração da Imperial Academia de Música e Ópera Nacional (depois Ópera Lírica Nacional), subvencionada por dom Pedro II para estímulo da cena artística carioca. De 1857 a 1861, foi destaque em todos os espetáculos da companhia, atuando ao lado dos cantores líricos José Amat, Luiza Amat, Carlota Milliet e outros artistas, muitas vezes sob a mira de monóculos imperiais. Na ópera *Pipelet* (1859), inspirada em original francês, com poesia de Machado de Assis e música do maestro Ferrari, coube a Ribas o papel-título. (Machado mencionaria o cantor, no futuro, em artigo de *A Semana*.) Em 1860, protagonizou *Dom Chico Cerefólio*, adaptação da ópera bufa *Don Checco*, de Nicola de Giosa, e participou também daquela que é considerada a primeira ópera brasileira, *A noite de São João*, de Elias Álvares Lobo, com libreto de José de Alencar. Um ano depois, Ribas integrou a montagem da ópera de estreia de Carlos Gomes, *A noite do Castelo*. Segundo o *Diário do Rio de Janeiro*, um gesto teria tocado o estreante maestro campinense de 25 anos – alguns professores de música da cidade "ofereceram-se para tocar na orquestra que executou a partitura do seu talentoso discípulo". Entre eles, estavam dois compositores colegas de Ribas no álbum dos Sucessores de P. Laforge: J. J. Goyanno e Demetrio Rivero.

Parte do elenco da Ópera Nacional, incluindo Ribas, se rebelou contra o empresário do grupo, José Amat, em 1862. Todos acabaram entrando em acordo, menos Ribas e Carlota Milliet, que se desligaram da companhia – que seria extinta pouco depois, em 1863.

Os anos seguintes foram dedicados ao ensino. Ribas continuou a se apresentar, com menor repercussão, em concertos, recitais, missas cantadas e espetáculos beneficentes. Em um deles, cantou em tributo ao virtuoso flautista belga Mathieu-André Reichert, seu amigo. Em outro, teve como pianista acompanhante Eduardo Madeira, futuro professor de Ernesto Nazareth. Em um terceiro, dividiu o programa com o flautista Joaquim Callado, um dos pioneiros do choro.

Em 1881, alunos seus organizaram, no salão do Conservatório de Música, um "Concerto Ribas" em seu benefício. Dele participaram Leopoldo Miguez, maestro niteroiense, Arthur Napoleão, pianista português, e José White, violinista cubano, entre outros amigos. O cunhado de Ribas, Antônio Cardoso de Menezes (que se tornaria avô da pianista Carolina Cardoso de Menezes), foi testemunha de sua alegria. "Eduardo Ribas, como se surgisse repentinamente da nuvem de olvido em que criminosamente se envolvera desde que abandonou as tábuas do proscênio, onde tantos louros recolheu," escreveu ele, na *Gazeta da Tarde*, "parecia reviver cheio da mesma vida, ostentando o mesmo vigor artístico e fazendo cintilar o mesmo fulgurante talento musical com que noutras épocas avassalara o público fluminense".

No ano seguinte, a mesma *Gazeta da Tarde* publicou mais um artigo elogioso a Ribas, dessa vez assinado pelo colunista Fétis. Dizia um trecho: "Podemos afirmar, sem receio, que Ribas é incontestavelmente o melhor professor de canto que atualmente possuímos; no gênero bufo, a que mais preferência dedicou, cantou óperas de Rossini, Donizetti, Ricci e outros; deu-nos o mais perfeito Dulcamara do *Elixir d'amor*, o mais astuto Fígaro do *Barbeiro de Sevilha*, além de outros tipos caricatos; na ópera nacional cantou *A noite do castelo* e a *Joanna de Flandres*, de Carlos Gomes, *O vagabundo*, de Henrique [Alves de] Mesquita, e outros; além de vários instrumentos que Ribas conhece com toda a proficiência, é um dos melhores trompas de orquestra; maneja com facilidade e conhecimento algumas línguas; vivendo no Brasil há muitos anos, sofrendo golpes profundos a que muitos não teriam podido resistir, ele passa nas ruas de cabeça erguida, com toda a arrogância, petulantemente; é o protótipo da honra e probidade".

Já na casa dos 60 anos, Ribas sobrevivia a duras penas como professor particular de canto. Em maio de 1884, suas discípulas anunciaram em jornal mais um recital em sua homenagem, no Conservatório de Música. Não houve tempo. Ribas faleceu em junho, na casa da enteada Amélia, futura avó da poetisa Cecília Meireles. Brincava de encenar uma ópera com os netos quando passou mal. Mas a semente musical de Eduardo Ribas ainda daria um fruto generoso.

Em 1883, já viúvo de Carolina Edolo, com quem se casara em 1858 e tivera duas filhas, Ribas se envolveu com uma de suas alunas, a jovem *socialite* carioca Adelina d'Alambary Luz. Grávida e solteira, Adelina embarcou para Nápoles, para ter o filho em segredo. O menino só conheceria o Brasil treze anos depois, apresentado como filho adotivo. Para ele, o pai seria sempre um nome perdido no tempo.

Apesar disso, o sangue musical dos Ribas pulsava em suas veias. Mesmo morrendo prematuramente aos 30 anos, o filho de Eduardo e Adelina seria um dos compositores mais importantes do Brasil no início do século XX. Ocupou com o número 37 a cadeira de patrono da Academia Brasileira de Música fundada por Villa-Lobos. Seu nome? Glauco Velasquez.

OBRA MUSICAL
"A noite silenciosa" (canto e piano, 1855) [do *Álbum de Armia – Gemidos sobre túmulo de uma brasileira*, sobre poesia de Albano Cordeiro] [FBN] | "Glória" (polca, 1856) [do *Rio de Janeiro – Álbum Pitoresco-Musical*] ["dedicada à excelentíssima senhora dona Christina Maria Copertino"] | "Pianto del cuore" (*stornello*[11]) [da série *Noites melancólicas*] [dedicada "alla distintíssima signorina Adelina Cerqueira d'Alambary Luz"] [FBN] | "Taci" (canto e piano) [FBN]

Álbum Pitoresco Musical 1856

SALVADOR FABREGAS
Nascimento: 1824 ou 1825, Espanha
Falecimento: 16 ou 17/09/1877, Rio de Janeiro, Brasil

O Rio de Janeiro fervilhava em julho de 1841. Depois de nove anos de um conturbado período regencial marcado por rebeliões de norte a sul do país, a maioridade de dom Pedro II fora antecipada e ele, aos 14 anos, coroado Imperador. Em meio às festividades, a Corte ofereceu um grande evento musical, no dia 23 de julho, no Paço Imperial. O concerto ficou a cargo da Sociedade Filarmônica, fundada em 1834 por Francisco Manuel da Silva. O programa consistia basicamente de trechos de óperas italianas, cantados por profissionais e amadores. Um dos números foi

[11] Breve composição poética, improvisada, de temática amorosa ou satírica, típica da Itália central.

o quarteto de *Mosè in Egitto*, de Gioachino Rossini, interpretado por dois casais – incluindo um prestigiado músico-cantor da Imperial Capela, o espanhol Salvador Fabregas. O *Jornal do Commercio* não se conteve: "A elegância e beleza do estilo, a harmonia angélica das vozes, a expressão do canto e profundo conhecimento dos mistérios da arte, tudo se encaixa nesses belos saraus tão desejados, que inundam a alma de harmonias celestes, e nelas gravam recordações que nunca se podem esquecer".

Além de cantar na Imperial Capela (onde atuaria até, pelo menos, 1854, sob direção do mestre de capela Francisco Manuel da Silva), Fabregas também se apresentava em concertos nos teatros cariocas. Nesse mesmo ano, cantou árias de *Il crociato in Egitto*, de Giacomo Meyerbeer, e de *Cesare in Egitto*, de Giovanni Pacini, no Teatro de São Pedro de Alcântara – o que demonstrava, no mínimo, alguma simpatia sua pela pátria de Cleópatra.

A partir de 1849, Fabregas publicou no *Almanaque Laemmert*, anualmente, anúncios de lições de piano e de canto. De início, dava aulas em diversos endereços, inclusive em sua residência, na rua do Lavradio, 34. Entre 1852 e 1856, ano em que embarcou para a Europa, recebia os alunos em casa, então à rua do Núncio (atual República do Líbano), 7.

A primeira composição de sua autoria anunciada com alarde pela imprensa foi a valsa para piano "As hamadríadas", em dezembro de 1855. Fazia parte do número de estreia de *Progresso Musical*, publicação bimensal dos Sucessores de P. Laforge que contava com um série de partituras encartadas. (Os números seguintes prometiam Verdi, Schubert, Meyerbeer e um inacreditável Domenico Labocetta.) Em agosto de 1856, outra valsa de Fabregas integrou um lançamento dos mesmos editores, o *Álbum Pitoresco-Musical*, era a sua "Jardim Botânico". Mas Fabregas não estava no Rio à época do lançamento para testemunhar o seu sucesso. Embarcara cinco meses antes para Lisboa no navio inglês *Tay*. Regressou ao Rio somente em agosto de 1857 – para desaparecer, aos poucos, do noticiário.

Umas poucas trivialidades foram publicadas a seu respeito daí em diante: foi-lhe concedida uma pena d'água (fornecimento de água) por três anos, para uso no prédio que possuía no Engenho Velho, 99 (1862); doou quatro mil réis para as obras da Capela do Divino Espírito Santo de Mataporcos (1866); foi vice-presidente da Sociedade Musical de Beneficência, fundada em 1834 "para promover a cultura da arte e exercer uma recíproca beneficência entre os associados e, por morte destes, às suas famílias" (1866-1867); doou cinco mil réis para festejo promovido no Engenho Velho em tributo ao Duque de Caxias, recém-chegado "da gloriosa campanha do Paraguai" (1870).

Em 1877, o *Jornal da Tarde* divulgou em seis palavras a morte do outrora prestigiado músico-cantor da Imperial Capela: "espanhol, 52 anos, casado, embolia cerebral". O *Almanaque Laemmert* publicou, nesse mesmo ano, um último anúncio de Fabregas, não mais professor de música, mas "afinador e consertador de pianos, órgãos, *harmoniums* etc".

Na década de 1900, meia dúzia de músicas foram lançadas em disco tendo Salvador Fabregas creditado como autor (às vezes em parceria com Catulo da Paixão Cearense). Entre elas está a famosa modinha "O gondoleiro do amor", feita sobre poema de Castro Alves e gravada pela primeira vez pelo cantor Bahiano em 1902. Trata-se de um clássico seresteiro até hoje regravado. Com o tempo, essas músicas foram atribuídas de forma equivocada a Salvador Fabregas. No entanto, essas obras foram, segundo pesquisa minuciosa realizada em jornais da época para este livro, compostas por um de seus filhos, o jornalista, poeta, teatrólogo e compositor Augusto Salvador Fabregas, figura querida na imprensa carioca, autor de algumas revistas e adaptações teatrais e criador de um maxixe de grande sucesso, hoje esquecido, chamado "Fandanguaçu". Em um dos versos da música, gravada com letra em 1909 por Olympio Nogueira, Augusto expressou sua admiração pelo pai: *Pela dança eu dou o cavaco/ Desde o tempo de menino/ Se eu desse pra dançarino/ Já tinha feito carreira/ Isso em mim é de família/ E a prole não degenera/ Nas valsas meu pai foi cuéra*[12]*/ Minha avó foi maxixeira...*

OBRA MUSICAL

"A Cascata da Tijuca" (quadrilha, 1851) | "A Penha" (quadrilha, 1851) | "A rainha das flores" (quadrilha de valsas, 1852) | "As hamadríadas" (valsa, 1855) [encartada ao periódico *Progresso Musical*] ["valsas originais dedicadas à excelentíssima senhora Ermelinda Corrêa de Azevedo"] [FBN] | "Jardim Botânico" (valsa, 1856) [do *Rio de Janeiro – Álbum Pitoresco-Musical*] ["à excelentíssima senhora dona Thereza dos Santos Barreto d'Albuquerque"] | "Mãe d'Água" (quadrilha, 1851) | "Paquetá" (quadrilha, 1851) | "Oh, Virgem" (modinha)

GERALDO HORTA
Nascimento: 05/12/1835
Falecimento: 30/12/1913, Rio de Janeiro, Brasil

Geraldo Antônio Horta era um jovem pianista de vinte anos quando compôs a *redowa* "Boa Viagem" para o *Rio de Janeiro – Álbum Pitoresco-Musical*. Sua maior conquista, até então, tinha sido o aplauso entusiasmado do público em um concerto apresentado ao lado do flautista italiano Achille de Malavasi, no ano de 1854, em que tocara um dificílimo estudo para mão esquerda.

---

12 Gíria para "craque", "maioral".

Em 1856, quando o *Álbum* foi publicado, Horta se anunciava em jornal como professor de piano, "tendo ainda algumas horas disponíveis". Podia ser procurado em vários endereços – incluindo a rua dos Ourives, 60, dos Sucessores de P. Laforge. Também dava aulas em casa, na rua Campo de São Cristóvão, 21, naquele bairro. Seu único sucesso como compositor era "Violeta", "lindíssima e grande valsa para piano-forte", que acabara de ser lançada em quarta edição (haveriam diversas reedições).

Quatro anos depois, em 1860, *A Marmota* anunciou um "Curso de piano de Geraldo Horta", oferecido no estabelecimento de pianos de Friedrich Schmidt à rua do Ourives, 25. Havia horários noturnos e o preço-aula variava entre dois mil e quinhentos (principiantes) e quatro mil réis (avançados). Um chamariz: "achava-se à disposição dos alunos", segundo o anúncio, um "*guide-main* de Kalkbrenner". Era uma barra de madeira fixada à frente do teclado para se "adquirir uma bonita posição [das mãos] no piano".

Em 1863, Horta causou *frisson* tocando os noturnos de Chopin num concerto. "Este senhor", segundo o *Correio Mercantil*, "possui um único defeito, o de ser brasileiro; é um dos poucos artistas que dá à música a verdadeira interpretação, o sentimento real e expressivo que animava o autor a escrevê-la. Entre outras dificílimas composições, executou com maestria incontestável as noturnas do célebre pianista francês [sic] Chopin. Pudesse o sr. Horta abandonar por um momento a modéstia que o caracteriza e mostrar a todos que entre nós também existem verdadeiros gênios no piano". *O Portuguez* foi mais longe: "Chopin agradeceria a Horta se o ouvisse interpretando e reproduzindo as suas produções. Chopin ressuscita, é daguerreotipado pela sábia e hábil interpretação que o pianista brasileiro sabe dar à música do melodioso escritor: mas *nul n'est prophète en son pays*". E acrescentou: "Horta é também autor de noturnos que exprimem grandeza de gênio, fortalecimento de espírito e facilidade pronunciada para as belezas da música".

ACIMA
Anúncio de aulas de piano de Geraldo Horta
CORREIO MERCANTIL, 27 DE MAIO DE 1856
FUNDAÇÃO BIBLIOTECA NACIONAL

A paixão de Horta pelo pianista e compositor polonês Frédéric Chopin era grande. Em 1873, lançaria uma elogiada tradução de *Chopin*, biografia escrita em francês por Franz Liszt. "Horta é talvez o único artista no Rio de Janeiro que se dedicou a estudá-lo, compreendê-lo, interpretá-lo, conseguindo neste empenho um triunfo completo", derramou-se o *Diário do Rio de Janeiro*. "Na tradução livre que fez Horta [do livro de Liszt], nota-se a elegância e beleza de linguagem, dando-nos assim uma prova dos seus conhecimentos literários, do seu bom gosto e do muito amor que consagra à arte".

Incansável, Horta dedicou sua vida ao piano. Foi o compositor mais profícuo entre os participantes do *Álbum*, com pelo menos trinta e cinco músicas para piano publicadas nas décadas de 1850 e 1860 – sua grande fase. Em 1869, compôs "Sob os ciprestes", uma elegia para piano em homenagem ao exímio pianista e compositor norte-americano Louis Moreau Gottschalk, que passava uma temporada no Rio. Uma alegria com sabor agridoce: o próprio Gottschalk interpretou-a em um concerto no Teatro Lírico Fluminense, dois meses antes de falecer no quarto do hotel em que se hospedava, no Alto da Boa Vista.

Horta deu lições de piano por quase meio século, em diversos endereços no Centro, na Zona Norte e na Zona Sul do Rio, e também em Niterói, onde residiu por um período. No último anúncio encontrado, de 1902, ainda se divulgava professor de piano, aos 67 anos.

A partir de 1891, os teclados passaram a dividir as mãos do pianista com as gavetas dos arquivos burocráticos – Horta empregou-se como ajudante de arquivista do Ministério da Justiça e Negócios Interiores. Em 1894, foi promovido a amanuense. Oito anos depois, foi transferido, em cargo equivalente, para a Secretaria de Estado do Ministério da Guerra – onde teve o escritor Lima Barreto como colega. Ao falecer em 1913, aos 78 anos, era segundo oficial e capitão graduado do Ministério. Sua extensa obra, à exceção da *redowa* "Boa Viagem", permanece inédita em disco.

OBRAS MUSICAL

"A engraçadinha" (valsa) | "A fonte dos amores" (1852) | "A infeliz" (valsa, 1851) [FBN] | "A moreninha" (valsa, 1851) [FBN] | "A sultana" (quadrilha de contradanças, 1867) | "A violeta" (valsa, 1854) | "A viuvinha" (1852) | "Alegria no coração" (valsa, 1851) [FBN] | "Amizade fraternal" (valsa, 1852) | "Bamboulá" (quadrilha, 1859) | "Boa Viagem" (*redowa*, 1856) | "Cabana de Carolina" (valsa, 1851) | "Cândida" (valsa) ["dedicada ao ilustríssimo senhor

Candido Soares de Mello no dia de seu consórcio"] [FBN] | "Delícias de São Cristóvão" (valsa, 1851) | "Desespero de Judas" (valsa, 1854) | "Escuta, oh, Virgem" (romance para canto, 1867) | "Frondosa mangueira" (1852) | "Gentil mangueira" (valsa, 1853) | "Imprevista" (valsa, 1863) | "Melancolia" (mazurca, 1864) ["oferecida ao sr. J. C. C. Monteiro"] | "Noturno" (noturno, 1867) | "Novo cupidinho das meninas" (valsa, 1852) | "O anjo de meus sonhos" (valsa, 1851) [FBN] | "O ingá" (valsa, 1851) | "O jovem encantador" (valsa, 1851) | "Oh, oliveira" (quadrilha, 1853) | "Os olhos chorosos" (transcrição para piano de romance do álbum *Urania*, 1864) | "Retiro saudoso" (valsa, 1863) | "Romance sem palavras" (romance, 1863) | "Sem esperança no mundo" (romance para canto, 1867) | "Sob os ciprestes" (elegia para piano, 1869) [para Louis Moreau Gottschalk] | "Suspiros d'alma" (1864) | "Um fandango" (valsa, 1852) | "Uma lágrima!..." (1863) [FBN]

OBRA LITERÁRIA

Chopin, tradução da biografia de Frédéric Chopin, de Franz Liszt, 1873.

QUINTINO DOS SANTOS

Nascimento: 1810 ou 1811
Falecimento: 10/04/1884, Rio de Janeiro, Brasil

Aureliano Quintino dos Santos era nome frequente na imprensa carioca do século XIX – mas não como músico ou compositor. Na primeira ocorrência encontrada, de 1832, Quintino era um dos caixeiros dispensados pelo dono de um armazém de molhados na rua de São Pedro, 38, perto da praça da República. Quatorze anos depois, em 1846, seu nome ressurgiu como dono de um pequeno navio chamado *Restaurador Bahiano*.

Em 1858, perdeu um filho de nove meses, Antônio. Foi a Santos no vapor *Piratininga*. Figurou, pela primeira vez, como secretário da mesa administrativa da Irmandade de Nossa Senhora do Amparo, "ereta na matriz de São José", nas franjas do morro do Castelo. Ocuparia essa função por cerca de oito anos, assinando dezenas de comunicados da Irmandade publicados em jornal. A maior parte deles eram anúncios de missas cantadas, eventos pomposos frequentados pela elite carioca, que contavam com orquestra e coro executando música sacra de compositores como José Maurício Nunes Garcia e Henrique Alves de Mesquita, sob regência frequente de J. J. Goyanno – aliás, seu colega no *Rio de Janeiro – Álbum Pitoresco-Musical*, lançado em 1856.

Além de religioso, Quintino frequentava o meio artístico-intelectual – ou almejava fazê-lo. Em 1862, recebeu o título de sócio honorário de uma agremiação de eruditos, a Imperial Sociedade Amante da Instrução e, três anos depois, foi promovido a definidor da mesa administrativa da Nossa Senhora do Amparo, sendo aí, novamente, colega de J. J. Goyanno. Entre 1860 e 1863, acumulou o secretariado de outra irmandade religiosa, a de Nossa Senhora das Neves, "que se venera em Paula Mattos", em Santa Teresa. Dessa irmandade, ganhou o título de Benemérito da Humanidade, em 1870.

Em meados de 1876, por ocasião de um edital público, teve um breve perfil publicado no *Diário do Rio de Janeiro*. Tinha 66 anos, era viúvo, empregado na Estrada de Ferro, filho de Julião Correa, residia à rua do General Pedra, 160 [no Catumbi], sabia ler, era elegível e tinha mil e duzentos réis de rendimentos mensais[13].

[13] Em outra menção a Quintino feita pelo *Diário do Rio de Janeiro* naquele mesmo ano, a idade é de 56 anos – incompatível com cronologia aqui levantada. O *Almanaque Laemmert* confirma a atividade de Quintino na Estrada de Ferro, como encarregado da seção de Locomoção, entre 1877 e 1883.

No ano seguinte, uma triste notícia: seu filho Aureliano Quintino dos Santos Júnior, organista de igreja, morreu de tuberculose aos 40 anos. O pai viveria mais sete, falecendo em abril de 1884.

Embora o músico italiano Vincenzo Cernichiaro afirme na *Storia dela musica nel Brasile* (1926), de forma vaga, que Quintino dos Santos se popularizou em meados do século XIX como compositor da quadrilha "O acaso", não é possível confirmar o fato na imprensa carioca da época – ou mesmo verificar alguma ligação sua ao ofício de músico-compositor profissional para além de "São Cristóvão", *schottisch* de sua autoria publicado no *Rio de Janeiro – Álbum Pitoresco-Musical*. Ficam como pistas a existência de um filho organista de igreja, a amizade com o músico e professor J. J. Goyanno e, sobretudo, o contato cotidiano com a rica música sacra executada nos eventos promovidos pelas irmandades de que foi secretário.

OBRA MUSICAL

"O acaso" (quadrilha)[14] | "São Cristóvão" (*schottisch*, 1856) [do *Rio de Janeiro – Álbum Pitoresco-Musical*]

J. J. GOYANNO

Nascimento: Itajubá, Minas Gerais
Falecimento: 14/02/1867, Rio de Janeiro, Brasil

Vinha de 1824 a ideia de se erguer no Rio de Janeiro um monumento comemorativo à Independência. Mas somente trinta e oito anos depois do projeto uma estátua equestre de dom Pedro I, executada pelo escultor francês Louis Rochet, foi inaugurada com pompa e cir-

[14] O título é, provavelmente, "O ocaso", música que encontramos anunciada em jornais do período, sem identificação do autor. Não houve ocorrências de "O acaso" em nossa pesquisa.

cunstância na praça da Constituição (atual Tiradentes), em um domingo, 30 de março de 1862.

"Não tentaremos reproduzir o que então houve", escreveu o historiador, político e médico José Vicira Fazenda em *Antiqualhas e memórias do Rio de Janeiro*, "o grandioso préstito em que figuravam, além das diversas classes sociais, a formatura das tropas, a revista passada pelo imperador [dom Pedro II], as festas da Petalógica [sociedade intelectual de Francisco de Paula Brito, que tinha Machado de Assis como sócio], a luz elétrica do Ferreira da botica da rua da Assembleia, os vivas e as aclamações, as luminárias, as poesias recitadas e impressas, as representações por João Caetano do *Cinna*, [tragédia] de Corneille…"

Contrastava com o entusiasmo da festa a ansiedade dos alunos do ensino público da cidade. Por meses a fio, eles haviam ensaiado o *Te Deum* de Sigismund Neukomm, que seria apresentado ali pela primeira vez, sob a batuta do irascível Francisco Manuel da Silva.

Os alunos do Internato do Colégio Pedro II foram ensaiados pelo estimado José Joaquim Goyanno, professor de música daquela instituição desde 1858. Faziam parte da turma o futuro presidente Rodrigues Alves e o próprio Vieira Fazenda – cujas lembranças são saborosas:

"Ora, no Internato os alunos do Goyanno eram divididos em duas classes: os que sabiam alguma coisa e figuravam nas festas de São Joaquim, e os que nunca passaram da *Artinha*! Para não haver falta de quórum, foram os segundos obrigados a cantar de ouvido para terem a honra de figurar no palanque da inauguração. A princípio, até meses antes da festança, começaram os ensaios na chamada Sala da Música. Depois, para melhor efeito, o Goyanno nos levava para a chácara do Colégio e, junto ao rio Trapicheiro, ao som de rabeca, nos fazia gargantear os ramos em latim da composição sacra.

"Os *viciosos* se colocavam por trás dos outros e, de quando em vez, tiravam a sua fumacinha. Para isso serviam os pedacinhos de couro com massa fosfórica. Não havia luz nem barulho e não corriam os delinquentes o risco de serem pilhados, sequestrados os cigarros e de irem, por três dias, para a prisão!

"O prato de resistência era o *Sanctus*, que no dia da festa devia ser alternado com os tiros da artilharia, colocada no morro de Santo Antônio, e da fuzilaria da tropa, postada em parada na praça, na rua Visconde do Rio Branco, no Campo [da Aclamação] e na rua da Constituição."

Os esforços de Goyanno foram frutíferos – os alunos do Pedro II estiveram perfeitos e o *Te Deum* "magistralmente executado, como se todos fôssemos verdadeiros artistas ou *virtuosi*", segundo Vieira. "Não podemos descrever o que então se passou, quando aos olhos da multidão apareceu a estátua!"

O único senão foi a tempestade que se abateu sobre a praça naquele exato momento – fazendo todos chegarem em casa "molhados como pintos" e sujos como "verdadeiros carvoeiros".

A fama de Goyanno não era recente. "É autor de muitas partituras, que foram executadas nos nossos teatros, ornando peças originais brasileiras ou traduções", dizia a *Marmota Fluminense*, de Paula Brito, já em 1853. "Modinhas, valsas e contradanças aparecem com seu nome e são benquistas aos amadores."

Seu trabalho como professor de música, então do Colégio Marinho, era destacado por aquele jornal. Numa festa promovida na escola, alunos de Goyanno apresentaram "um ato de *Ernani* [ópera de Verdi] e outros pedaços de diversas óperas", surpreendendo todos pela "afinação, justeza e execução" do canto – "que o digam os professores estrangeiros que lá se achavam, que a uma voz tributaram a Goyanno os maiores louvores!". Ainda segundo a *Marmota*, "além dos conhecimentos professorais, [Goyanno] tem natural propensão para o magistério; paciente e pertinaz, pouco a pouco instruindo o discípulo nas regras essenciais da música, estimulando-os sagazmente para que estudem por gosto e não por medo, sabe enraizar nos jovens corações o amor da divina arte de Rossini, Belinni e Donizetti".

Em 1856, quando compôs a polca-mazurca "Tijuca" para o *Álbum Pitoresco-Musical*, Goyanno ainda dava aulas de música no Colégio Marinho. Além disso, era violinista da Imperial Capela (onde ingressara em 1849) e mestre de música da Imperial Fazenda de Santa Cruz (antigo reduto jesuíta, onde dirigia um grupo de cerca de trinta escravos músicos que se apresentavam em festejos pela cidade). Como compositor, tinha várias músicas editadas e colaborava com o teatro musicado, onde já era dono de um sucesso, "O pica-pau atrevido" – um "lindo fado à moda mineira" que o ator José Paulo cantara na cena do baile da ópera *O casamento e a mortalha no céu se talha*, em 1851: *Atrevido pica-pau/ Anda só de galho em galho/ Picando de pau em pau/ Aonde vai?/ De onde vem?/ Se você vai/ Eu vou também/ Se você fica, ora/ Adeus, meu bem.*

Segundo algumas fontes, Goyanno atuou também como dramaturgo, escrevendo pelo menos dois textos teatrais, *Ária do pequeno mestre à polca* (1847) e *A vendedora de perus* (1852) – esta, uma comédia estrelada pela lendária atriz portuguesa Leonor Orsat.

Um ano depois do *Álbum*, Goyanno publicou um livro didático, *Nova arte de música*, anunciado na *Marmota Fluminense* como "um dos métodos mais abreviados e que os discípulos compreendem com a maior facilidade possível; elogiado por todos os maestros desta corte". No futuro, já como professor do Pedro II, Goyanno solicitou prêmio do governo para o seu método de ensino – recusado, pois "o livro, apesar de adotado pelo Colégio, não foi especialmente composto para aquele fim", conforme *Decisões do Governo do Império do Brasil em 1861*.

Por não provar "com documentos as suas habilitações", Goyanno também teve recusada a candidatura ao cargo de mestre de capela da Imperial Capela, vago com a morte do italiano Gioachino Giannini em 1860. O escolhido foi o maestro italiano Arcangelo Fioritto.

Nos anos 1860, Goyanno se celebrizou como diretor de música de missas cantadas e festejos religiosos no Rio de Janeiro. Chegou a ensaiar e reger orquestras com mais de cento e trinta vozes, tendo como espectadores o alto escalão político e religioso do país, a nobreza carioca e a família imperial. Sua vinculação com a Igreja católica era antiga – foi também secretário da Irmandade de Santa Cecília (no período 1859-1864) e definidor da Irmandade de Nossa Senhora do Parto (1863-1865).

Em 1865, Goyanno residia na rua de São Carlos, no Estácio, ensinava no Colégio Pedro II e anunciava tanto "lições de música" particulares quanto "funções em igrejas e bailes" no *Almanaque Laemmert*. No ano seguinte, adoeceu e viajou para Minas Gerais, em busca de tratamento. Em 1867, lá faleceu – ele, o "distinto mineiro" que os necrológios saudaram como "um dos mais notáveis artistas nacionais".

OBRA MUSICAL

"A casa mal-assombrada" (modinha) [sobre poema de Joaquim Manuel de Macedo] | "A mariquinha I" (valsa, 1858) [FBN] [gravada no LP *Valsas e polcas – Três séculos de música brasileira*, 1978] | "A mariquinha II" (valsa, 1858) [FBN] [gravada no LP *Valsas e polcas – Três séculos de música brasileira*, 1978] | "A negrinha-monstro" (ária, 1851) [letra de Paula Brito] [apresentada pelo ator Martinho Correia Vasques no Teatro de São Januário] | "A valsa pulada" (valsa, 1851) [coleção de valsas sobre um só motivo, cantadas e dançadas no segundo ato da ópera de F. C. Conceição *O casamento e a mortalha no céu se talha*] [encartada em *Marmota na Corte*] [FBN] | "Ária de polca" (ária, 1847) [de sua peça teatral em um ato *Ária do pequeno mestre à polca*] | "Espanta o grande progresso" (1871) [sobre poema de Teixeira de Sousa] | "Hino de Reis" (hino, 1852) [letra do dr. Ernesto de Sousa e Oliveira Coutinho] [dedicada pelos autores a Paula Brito] [encartada em *Marmota na Corte*] | "Ladainha em sol" (ladainha para coro e orquestra) [MCG] | "O guarda nacional" [sobre poema de Teixeira e Sousa] | "O pica-pau atrevido" (lundu mineiro, 1851) [cantado na ópera de F. C. Conceição *O casamento a mortalha no céu se talha*] [encartado em *Marmota na Corte*] | "O século das luzes" [sobre poema de Paula Brito] | "Ponto final" (lundu brasileiro, 1853) [letra de Paula Brito] | "Romance" (romance, 1849) [sobre poema de Paula Brito] | "Saudades da Paraíba" (quadrilha, 1854) [partes: "A chegada", "O jantar", "O baile", "A despedida" e "A recordação"] [encartada em *Marmota Fluminense*] ["dedicada ao ilustríssimo senhor doutor Luiz Peixoto de Lacerda Werneck"]

OBRA LITERÁRIA

Nova arte de música (1857)

OBRA TEATRAL

A vendedora de perus (comédia, 1852) [estrelando a atriz portuguesa Leonor Orsat] | *Ária do pequeno mestre à polca* (peça em um ato, 1847) ["levada com sucesso no Teatro Santa Teresa, foi também aplaudida no São Francisco", segundo Baptista Siqueira]

A. CAMPOS

Pouco se sabe sobre J. A. Campos. Em jornais do século XIX é possível encontrar não mais que meia dúzia de menções a ele, relacionadas a lançamentos de músicas de sua autoria nos anos de 1855 e 1856. Em todas elas, A. Campos é apresentado como "o autor da valsa 'Theresinha'". Em sua *Storia della musica nel Brasile*, Vincenzo Cernicchiaro cita, de forma sucinta, um "J. J. Campos [sic], músico de renome na época [meados dos oitocentos], deixando um grande número de músicas para danças, umas publicadas, outras em manuscrito".

O maior sucesso de J. A. Campos foi, certamente, a valsa "Theresinha", de 1855 ou 1856. Por ocasião do lançamento de uma música posterior, "As belezas do Club", um simpático anúncio foi publicado no *Correio Mercantil*: "Os frequentadores do Club Fluminense têm de ouvir esta noite uma nova valsa do sr. Campos, autor da célebre valsa 'Theresinha', que vai hoje tirar-lhe o prestígio e tem o nome de 'As belezas do Club'. Pobre da 'Theresinha'! Se quiser merecer ainda alguma coisa, assente praça entre *as belezas do clube*".

O tempo vingaria "Theresinha". Segundo o jornal *Libertador* de maio de 1887, a valsa-emblema de J. A. Campos continuava popular trinta anos depois de seu lançamento. Na lista das músicas tocadas pela Banda de Música do Corpo de Polícia em uma solenidade no Passeio Público, entre um dobrado e um *pot-pourri* carnavalesco, lá estava ela.

OBRA MUSICAL

"A carnavalesca" (valsa de carnaval, 1856) | "As belezas do Club" (valsa, 1856) | "Delícias do Pinheiro" (quadrilha, 1856) | "Petrópolis" (quadrilha, 1856) [do *Rio de Janeiro – Álbum Pitoresco-Musical*] | "Saudades de Paris" (*schottisch*, 1856) | "Theresinha" (valsa, 1855-56)

MAZURCA

Dança ternária polonesa, com tempo vivo e acento típico no segundo e no terceiro tempo do compasso. Difundida através da Alemanha, chegou às salas de concerto pelas mãos de Frédéric Chopin, ao compor série de mazurcas estilizadas. A mazurca chegou ao Brasil em 1846, apresentada numa cena de dança de uma peça teatral no Rio de Janeiro. A propósito, Mário de Andrade conclui no *Dicionário Musical Brasileiro* ser o teatro "um grande introdutor de danças exóticas europeias, no Brasil".

REDOWA

Dança de origem tcheca, com volteios e passos de valsa saltitantes, muito popular nos salões europeus da Era Vitoriana (1837-1901). Apareceu em Londres em 1846, depois de passar por Paris.

SCHOTTISCH

Considerado pelos ingleses uma variante alemã da polca, o *schottisch* tem ritmo binário ou quaternário, andamento mais lento que o da polca e foi introduzido no Rio de Janeiro em 1851 pelo célebre professor de dança francês Jules Toussaint. Segundo Mário de Andrade, "foi, das danças exóticas europeias, uma das que mais se adaptou ao gênio brasileiro". Curiosamente, *schottisch* significa "escocês" em alemão – apesar de o ritmo não ter nada em comum com a música daquele país.

Além da polca

ACIMA
Partitura de "The Celebrated Polkas"
PUBLICADA POR W.H.DAKES, WASHINGTON 1849
BOSTON PUBLIC LIBRARY

VALSA

Gênero musical ternário surgido na Áustria e na Alemanha (ou ainda na França, segundo o estudioso Renato Almeida em seu *Dicionário Musical*). O termo deriva do alemão *walzen* (girar). Chegou ao Rio de Janeiro com a Corte portuguesa, em 1808. Rapidamente se popularizou nos salões da elite carioca. Ao longo da segunda metade do século XIX, a valsa continuou a ter grande aceitação.

QUADRILHA

Dança vivaz executada por quatro casais em formação retangular, muito popular em fins do século XVIII e ao longo do século XIX. Foi importada dos salões parisienses, em 1815, pela aristocracia inglesa. Tornou-se febre no Rio de Janeiro. A *quadrille de contredanses* consistia de cinco contradanças (algumas em compasso 2/4, outras em 6/8), dançadas, inicialmente, ao som de melodias de óperas.

RIO DE JANEIRO

ALBUM
PITORESCO-MUSICAL

Publicado pelos

SUC.ᵉˢ DE P. LAFORGE

e desenhado

PELO SÑR. ALF. MARTINET.

Preço 10$000

60 RUA DOS OURIVES 60.

BOTAFOGO.
QUADRILHA

POR
DEMETRIO RIVERO

Imprensa de musica dos successores de P. LAFORGE rua dos ourives N.º 60.
Rio de Janeiro.

BOTAFOGO

QUADRILHA por DEMETRIO RIVERO.

Preço 1:500 Rs.

Rua dos Ourives
Nº 60.

Nº 2.

Nº 3.

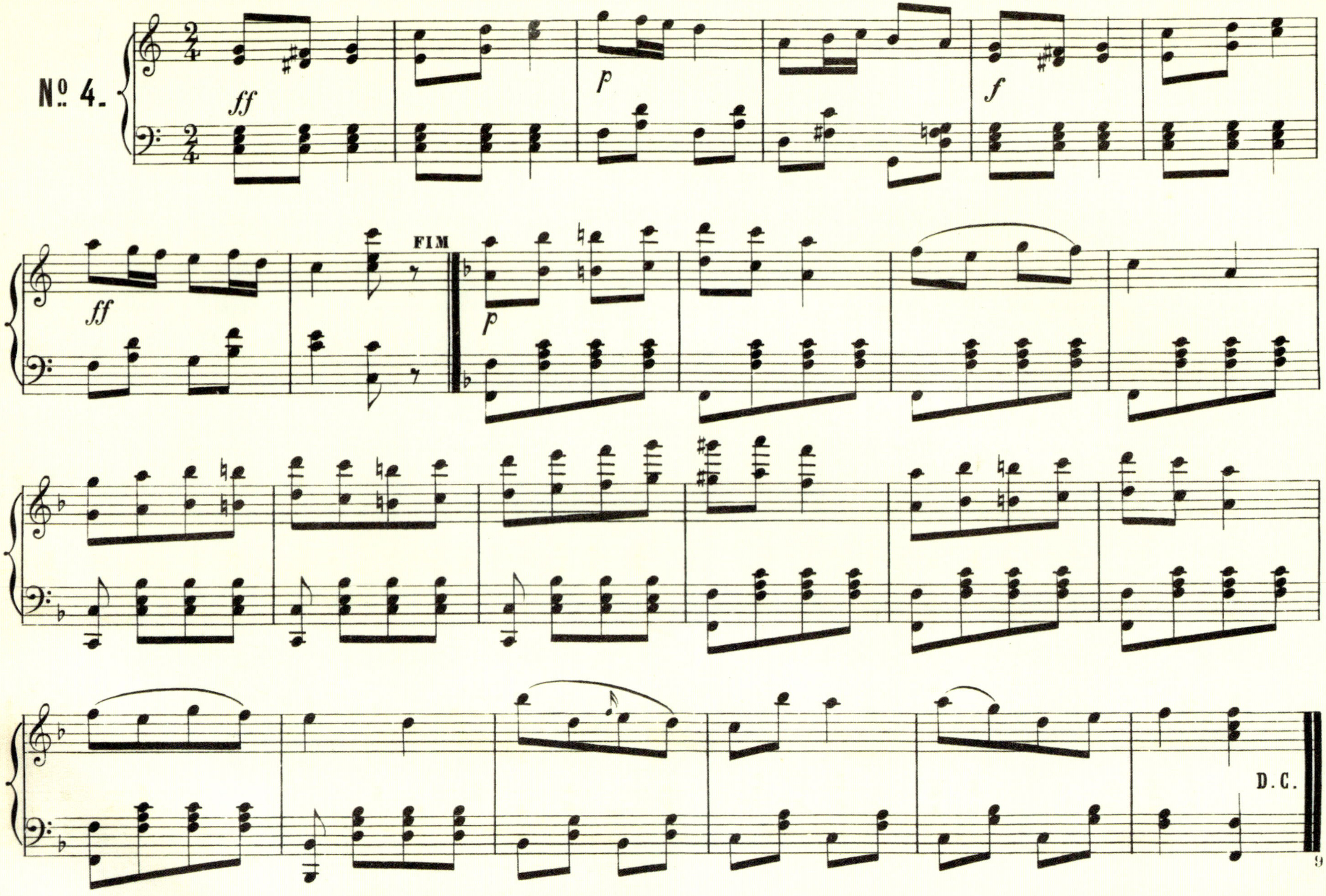
Nº 4.
ff
p
f
ff
FIM
p
D.C.
9

No. 5.

GLORIA
POLKA

Por
EDUARDO RIBAS.
imprensa de musica dos successores de P. LAFORGE rua dos ourives Nº 60

GLORIA

POLKA por EDUARDO M. RIBAS

A' Exma Snrã D. Christina Maria Copertino.

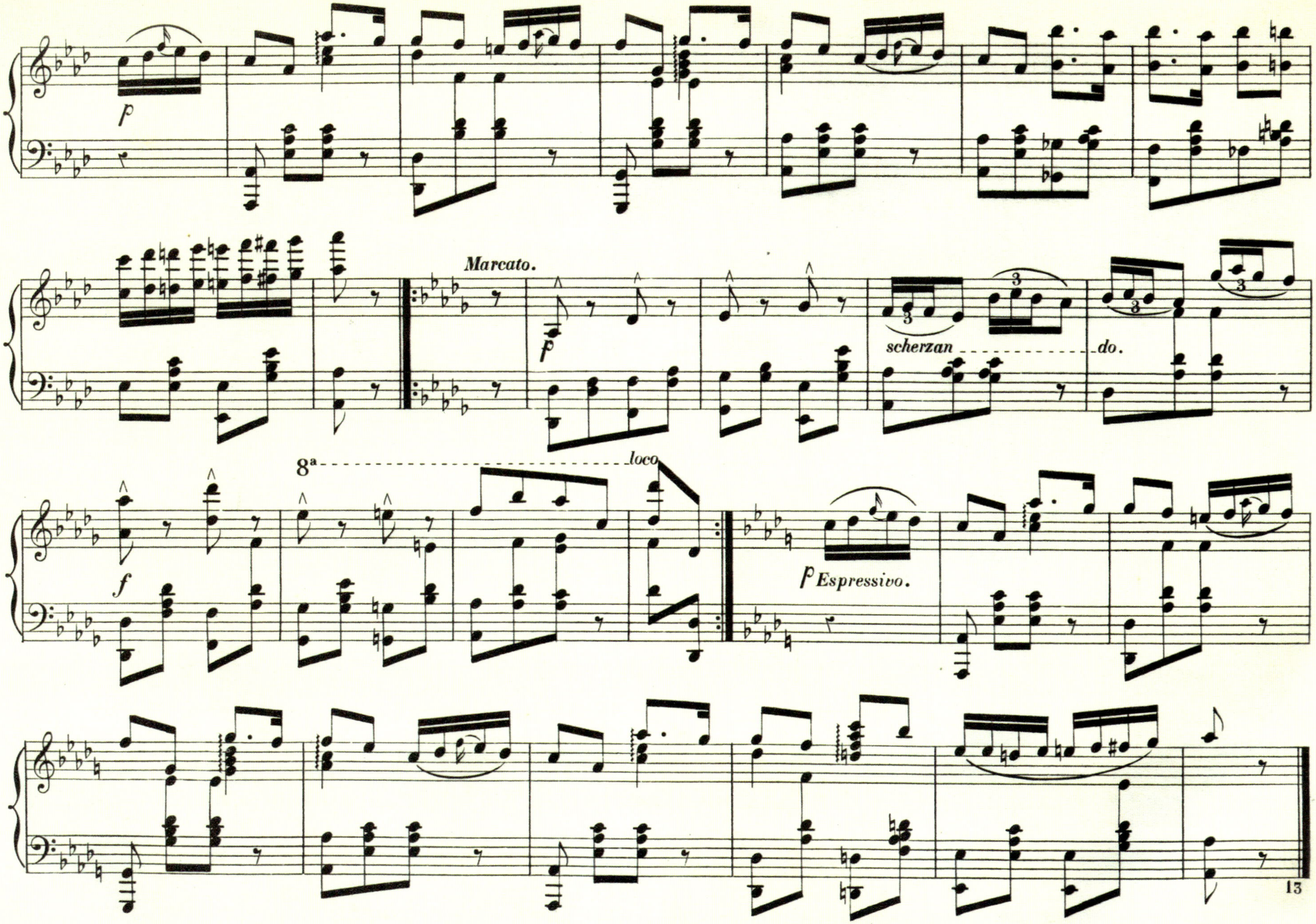
p
Marcato.
p
scherzan
do.
8a
loco
f
p Espressivo.

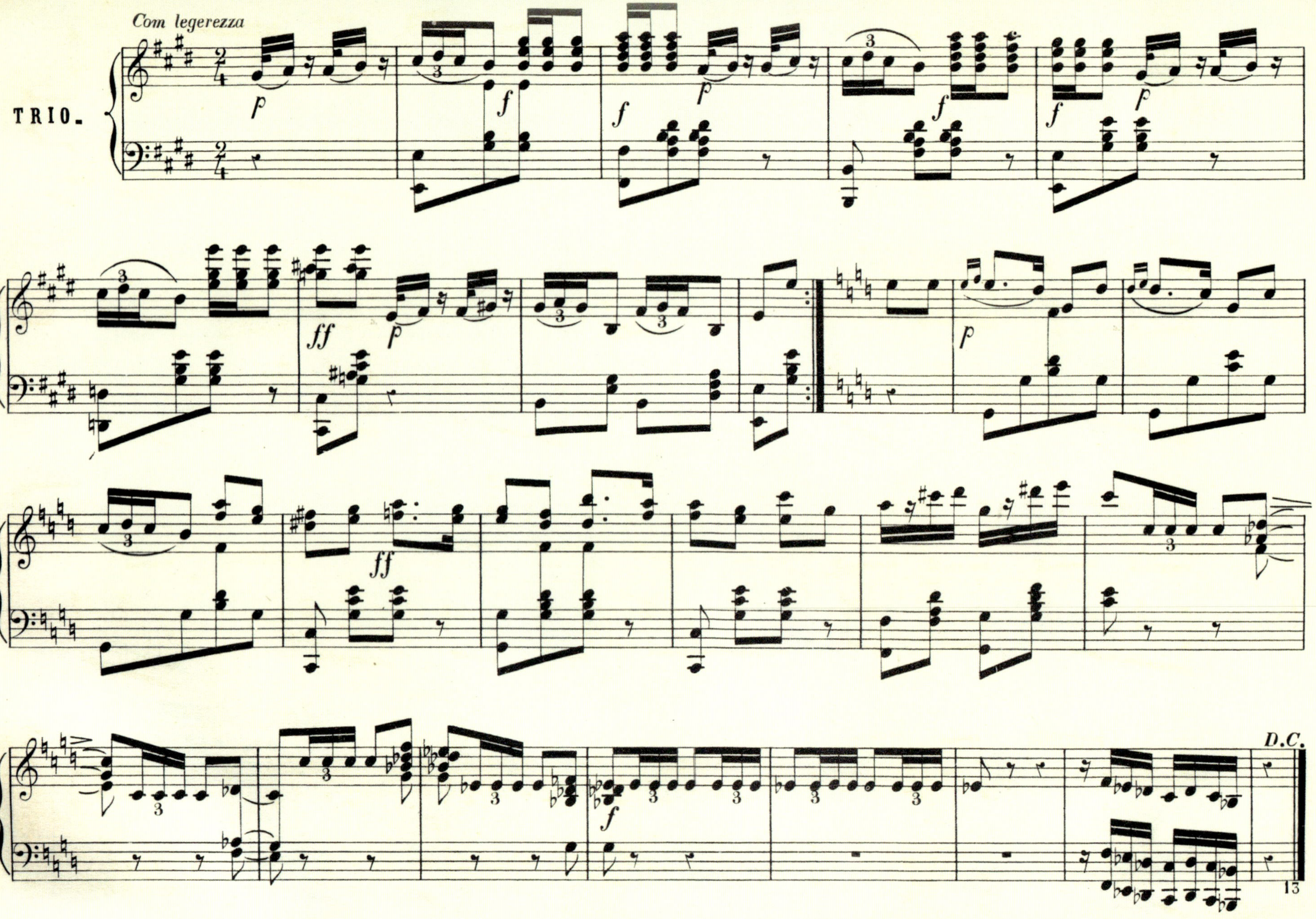
Com legerezza
TRIO.
D.C.

CODA

JARDIM BOTANICO.
VALSA

POR

SALVADOR FABREGAS.

JARDIM BOTANICO

VALSA por SALVADOR FABREGAS

Preço 1:500 Rs

Rua dos Ourives Nº 60.

A' Exmª Snrã D. Thereza dos Santos Barreto d'Albuquerque

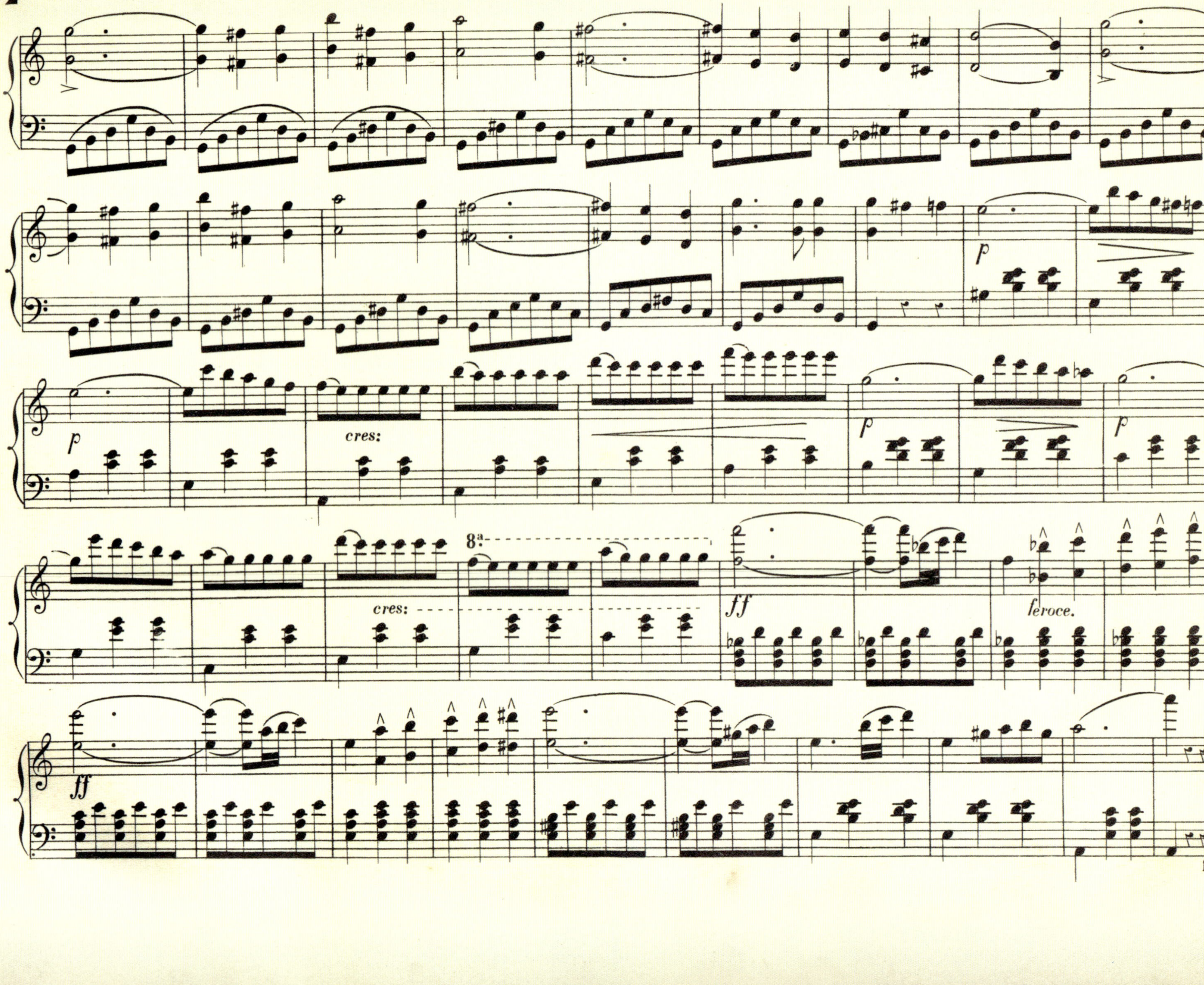
p
cres:
p
p
8a
cres:
ff
feroce.
ff

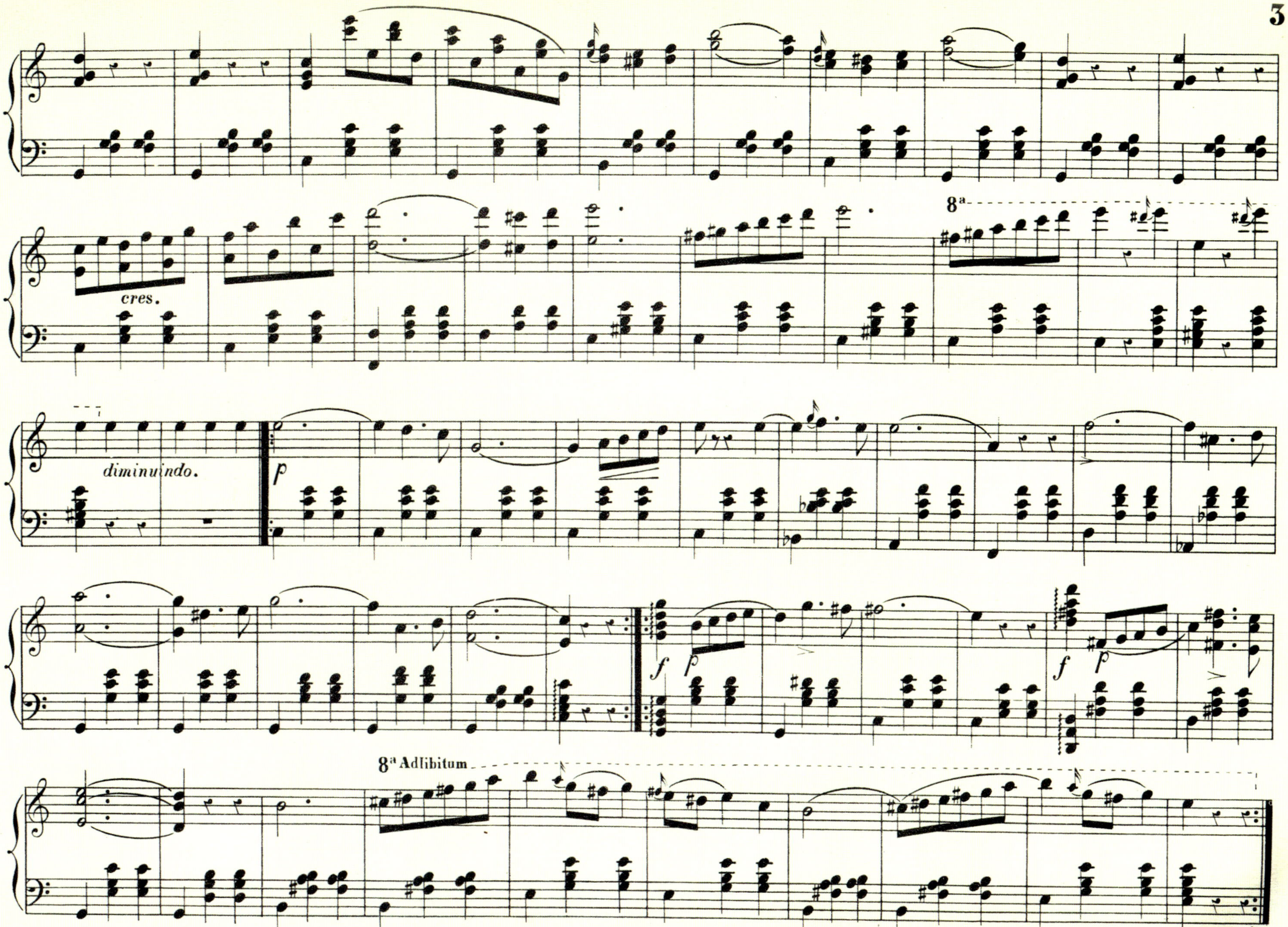
cres.
8a
diminuindo.
p
f
p
f
p
8a Adlibitum

4

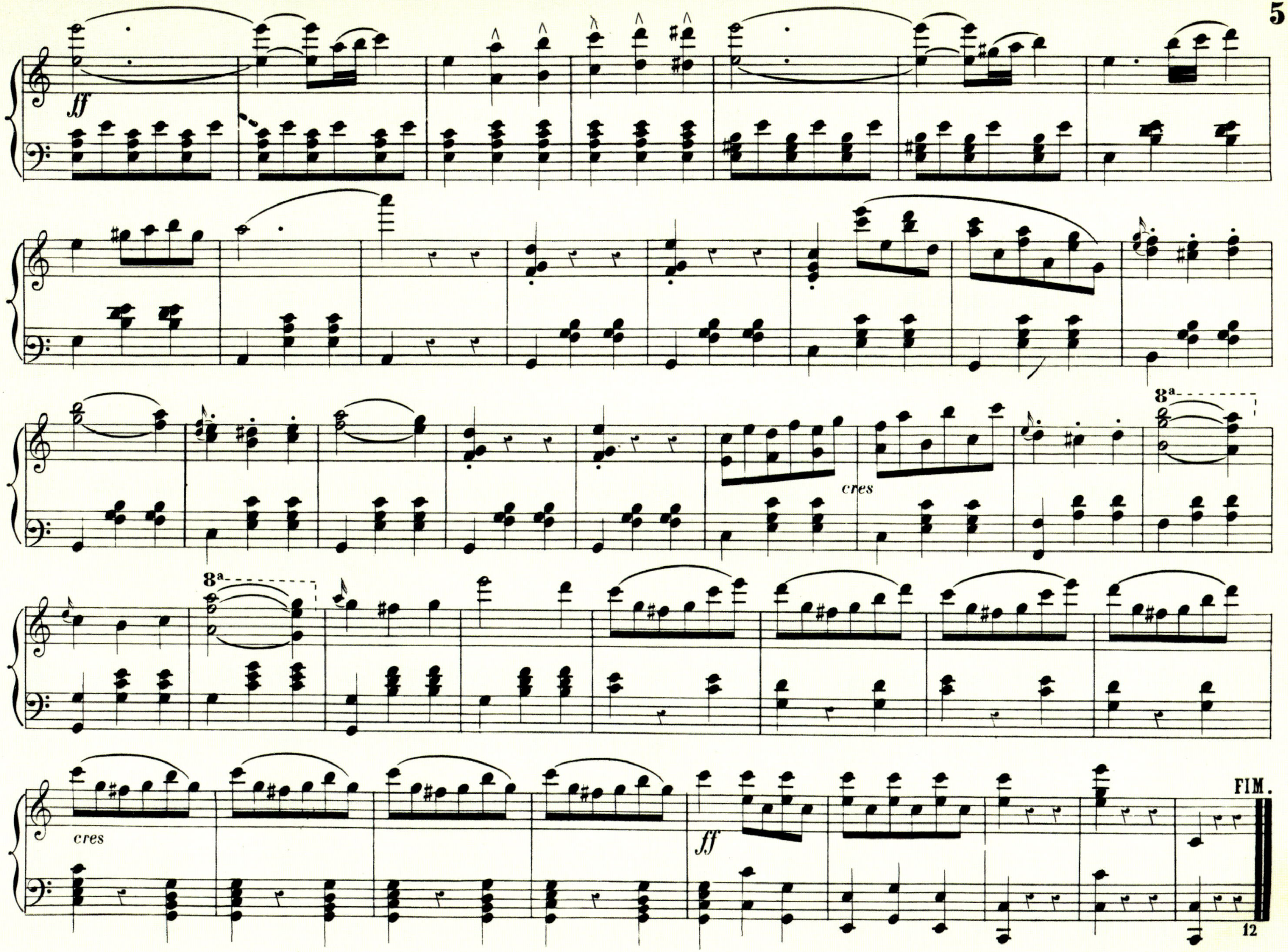

BOA VIAGEM
REDOWA

POR
GERALDO HORTA

Imprensa de musica dos successores de P. LAFORGE rua dos ourives Nº 60 Rio de Janeiro.

BOA VIAGEM

REDOWA por GERALDO A. HORTA

Preço 1:000 Rs.

Rua dos Ourives Nº 60.

A'Exmª Snrã D. Maria Luiza Carneiro.

atempo.
TRIO
f
con garbo.
p
sf
apiacere.
ten.
cresc molto.
ff
Tristemente
CODA
mf
ligiero.
1a
2a

3

S. CHRISTOVAO
SCHOTTISCH

por

QUINTINO dos SANTOS

Imprensa de musica dos successores de P LAFORGE rua dos ourives Nº 60

S. CHRISTOVÃO

SCHOTTISCH por A. QUINTINO dos SANTOS

TRIO.

bene marcato il basso

CODA

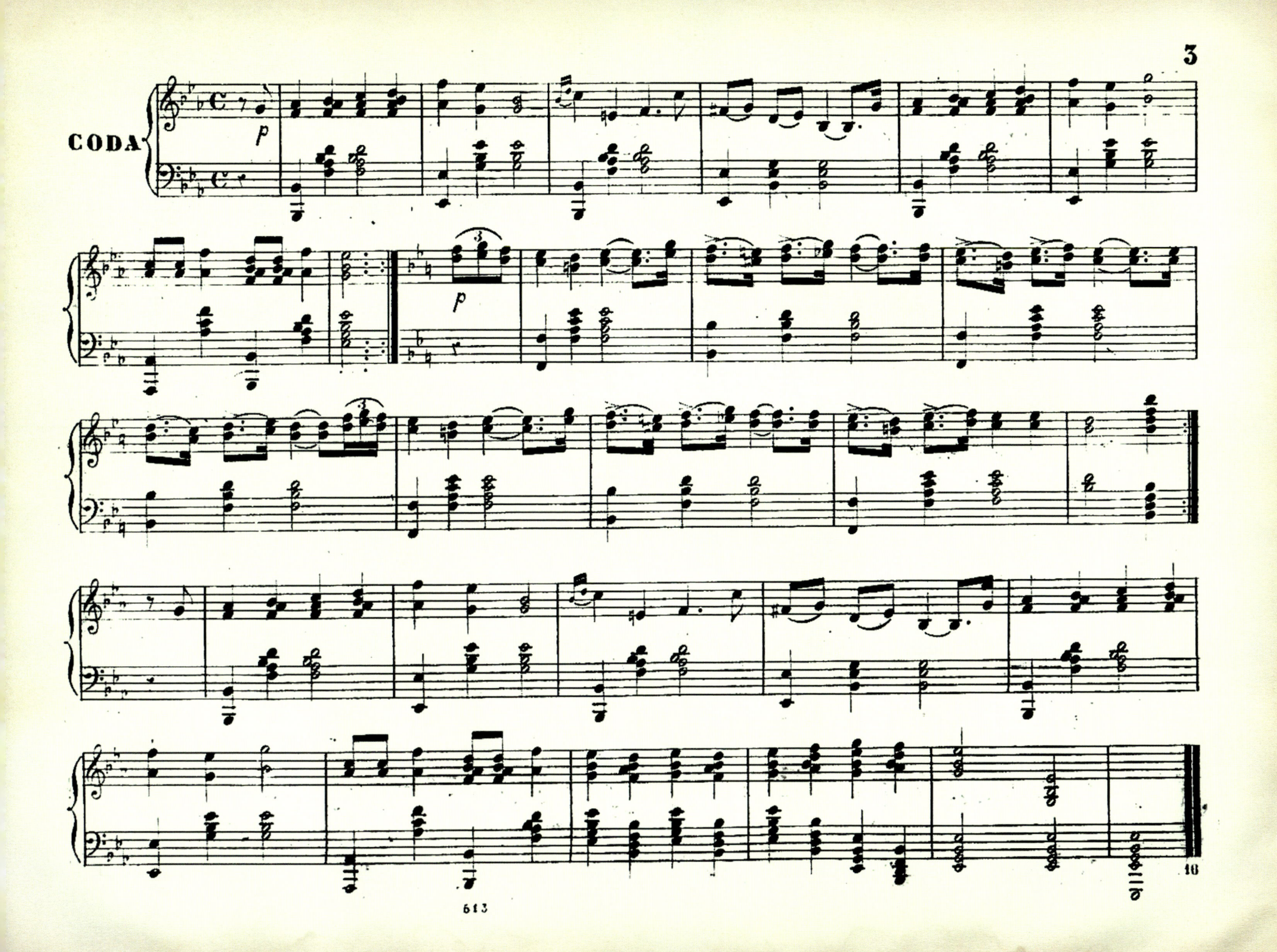

TIJUCA

POLKA-MAZURKA

POR

J. J. GOYANNO.

Imprensa de musica dos successores de P LAFORCE rua dos ourives Nº 60 Rio de Janeiro

TIJUCA

POLKA MAZURKA por J.J. GOYANNO.

Preço 1:000 Rs

Rua dos Ourives Nº 60.

Ao Illmo Snr Francisco José de Figueiredo.

TRIO.

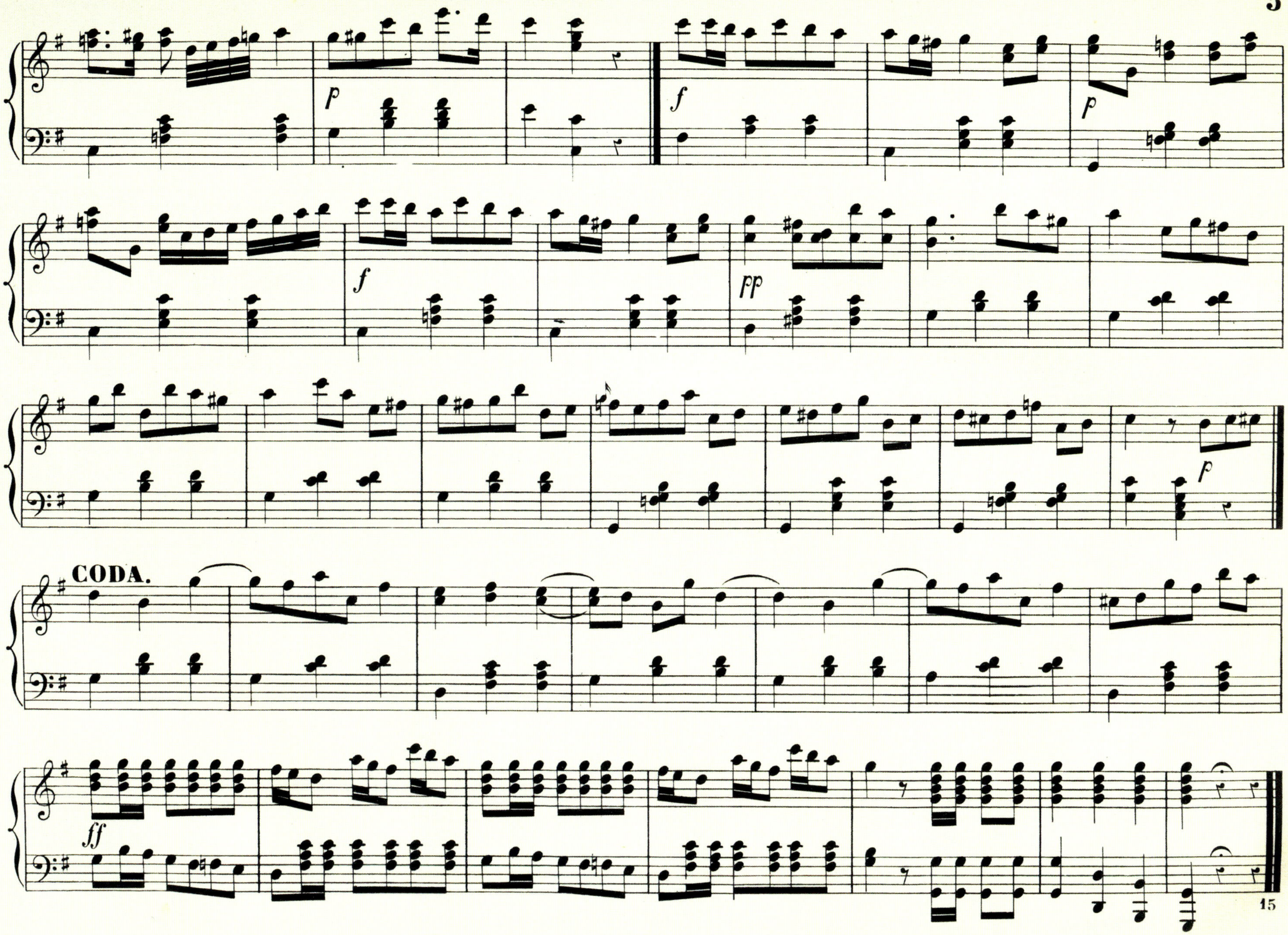
p
f
p
f
pp
p
CODA.
ff

PETROPOLIS

QUADRILHA

POR

A. CAMPOS.

Imprensa de musica dos successores de P. LAFORGE rua dos ourives N.º 60 Rio de Janeiro

PETROPOLIS

QUADRILHA por J. A. CAMPOS.

Nº 2.

Nº 3.

4

Nº 5.

OBS: As partituras originais de *Rio de Janeiro – Álbum Pitoresco-Musical* foram editadas em 1856 e, compreensivelmente, contêm pequenos erros de edição. Durante as gravações, esses erros foram observados e corrigidos pelos pianistas intérpretes. Para não ferir o caráter facsimilar desta reedição, optamos por apresentar essas correções aqui, à parte.

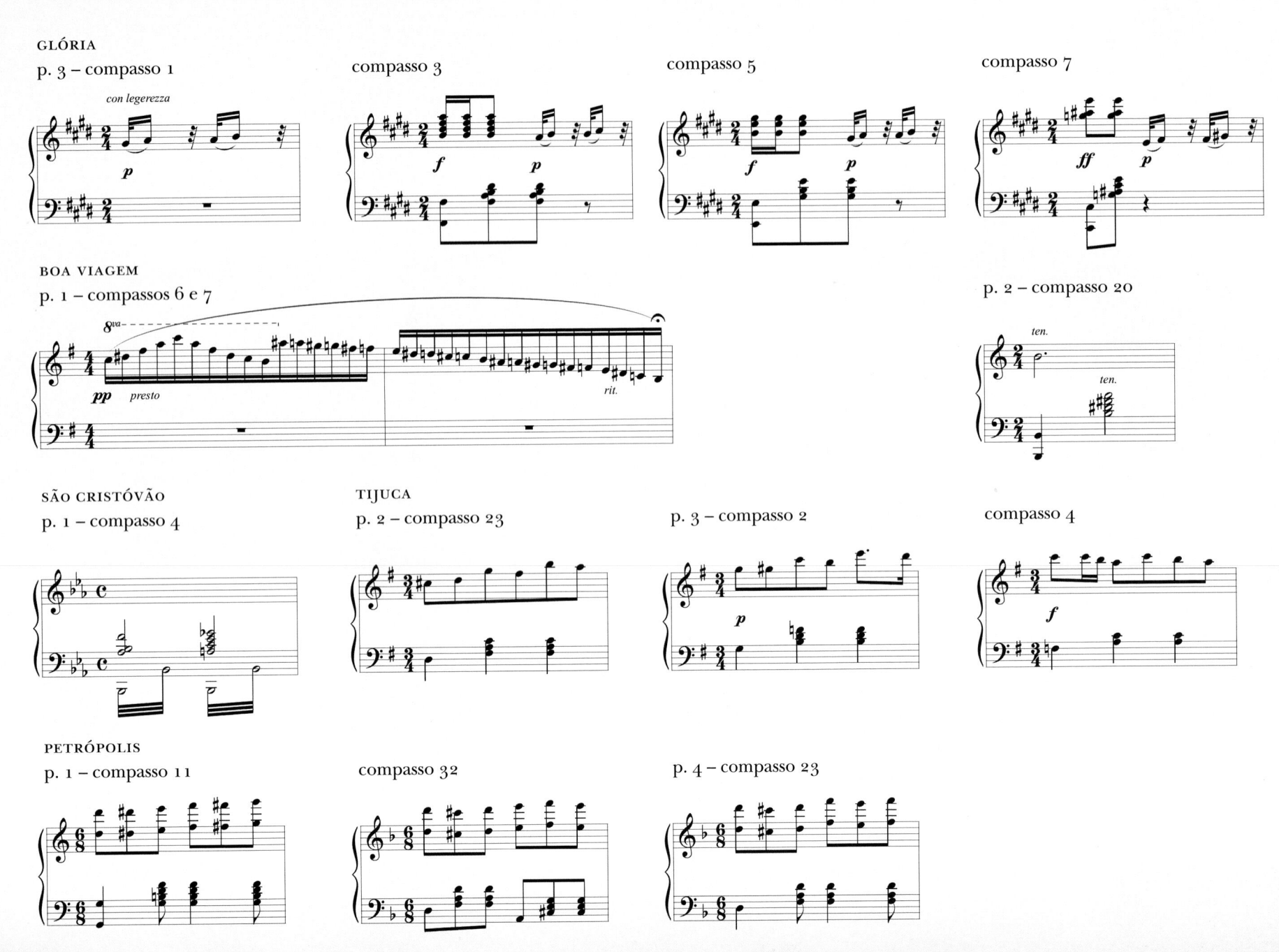

GLÓRIA

p. 3 – compasso 1

compasso 3

compasso 5

compasso 7

BOA VIAGEM

p. 1 – compassos 6 e 7

p. 2 – compasso 20

SÃO CRISTÓVÃO

p. 1 – compasso 4

TIJUCA

p. 2 – compasso 23

p. 3 – compasso 2

compasso 4

PETRÓPOLIS

p. 1 – compasso 11

compasso 32

p. 4 – compasso 23

CIP-BRASIL. CATALOGAÇÃO NA FONTE
SINDICATO NACIONAL DOS EDITORES DE LIVROS, RJ

A486r

Alzuguir, Rodrigo
   Rio de Janeiro: Álbum pitoresco-musical 1856-2014 / Rodrigo
Alzuguir. - 1. ed. -
   Rio de Janeiro: Edições de Janeiro, 2014.
   160 p. : il.

   ISBN 978-85-67854-35-9

   1. Música Brasileira. 2. Piano I. Alzuguir, Rodrigo. II. Título.

14-16759
CDD 780.92
CDU 784.4(81)

AGRADECIMENTOS

Alexandre Medeiros, Andrea Barbosa
Lacerda, Antônio Ribas, Biblioteca do
Centro Cultural Banco do Brasil do Rio de
Janeiro, Cecília Bosco, Eliana Peranzzetta,
Hélio Eichbauer, Karla Pereira de Oliveira,
Livraria Kosmos Editora, Manoel Corrêa do
Lago, Marcio Dornelles, Mozart Araujo (em
memória) e Olivia Hime.

Um agradecimento especial aos patrocinadores
deste livro, Funarte e Secretaria Municipal de
Cultura do Rio de Janeiro.

O livro também está disponível no
formato MecDaisy, para deficientes visuais.
Os interessados devem escrever para
albumpitoresco@edicoesdejaneiro.com.br
Para os que quiserem ter acesso à edição
crítica das partituras originais em formato
para impressão, enviar pedido para o
mesmo email.

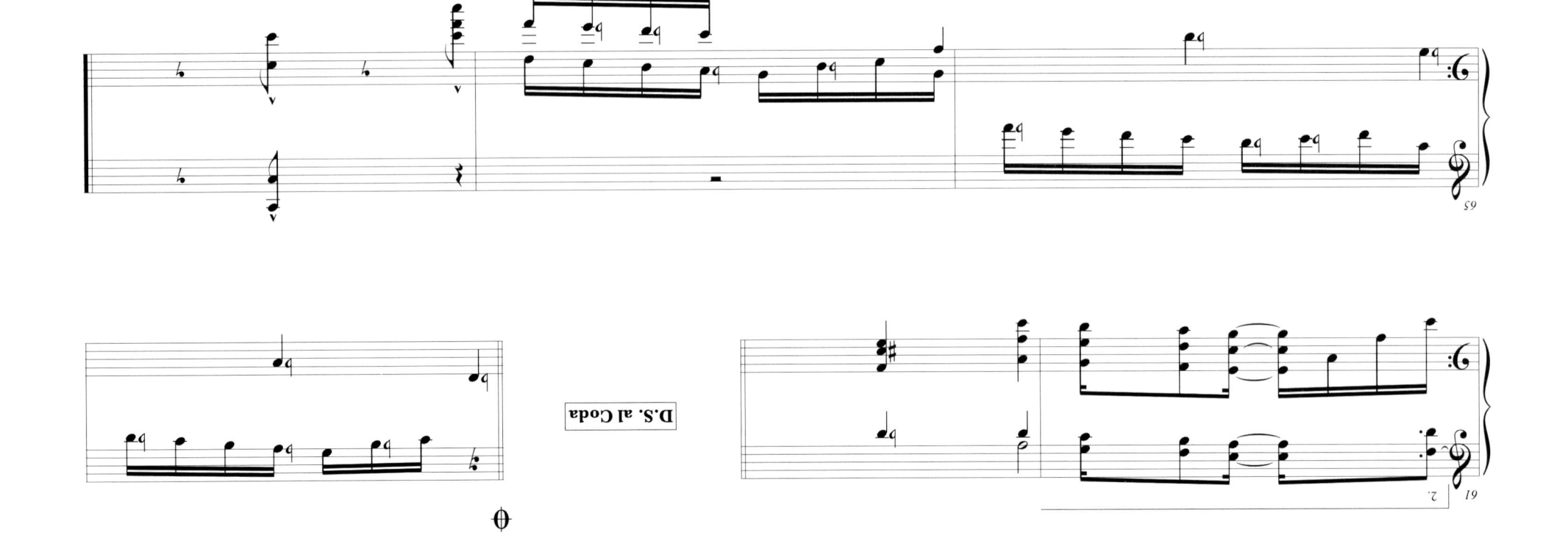

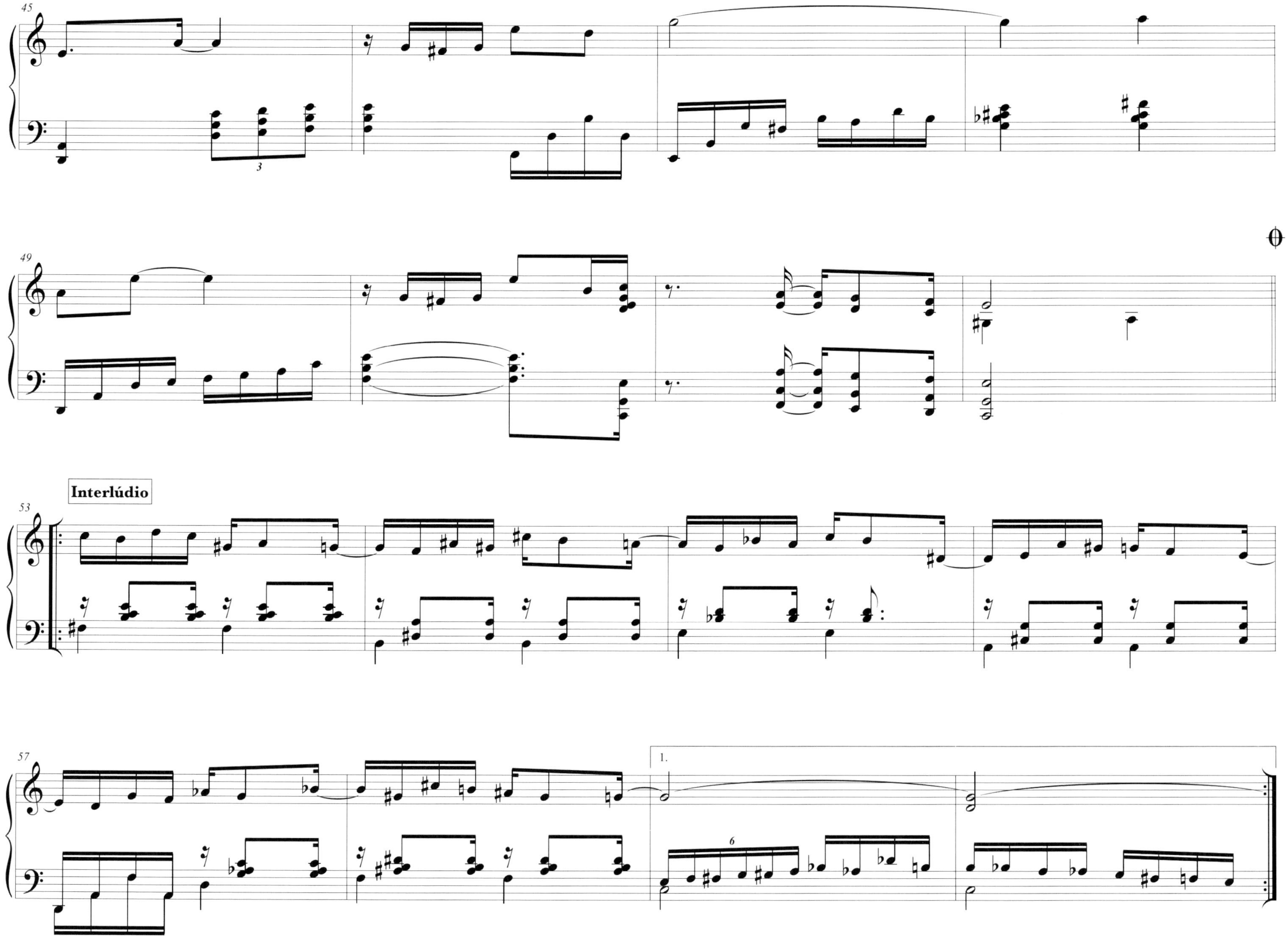
45
3
49
53
Interlúdio
57
1.
6

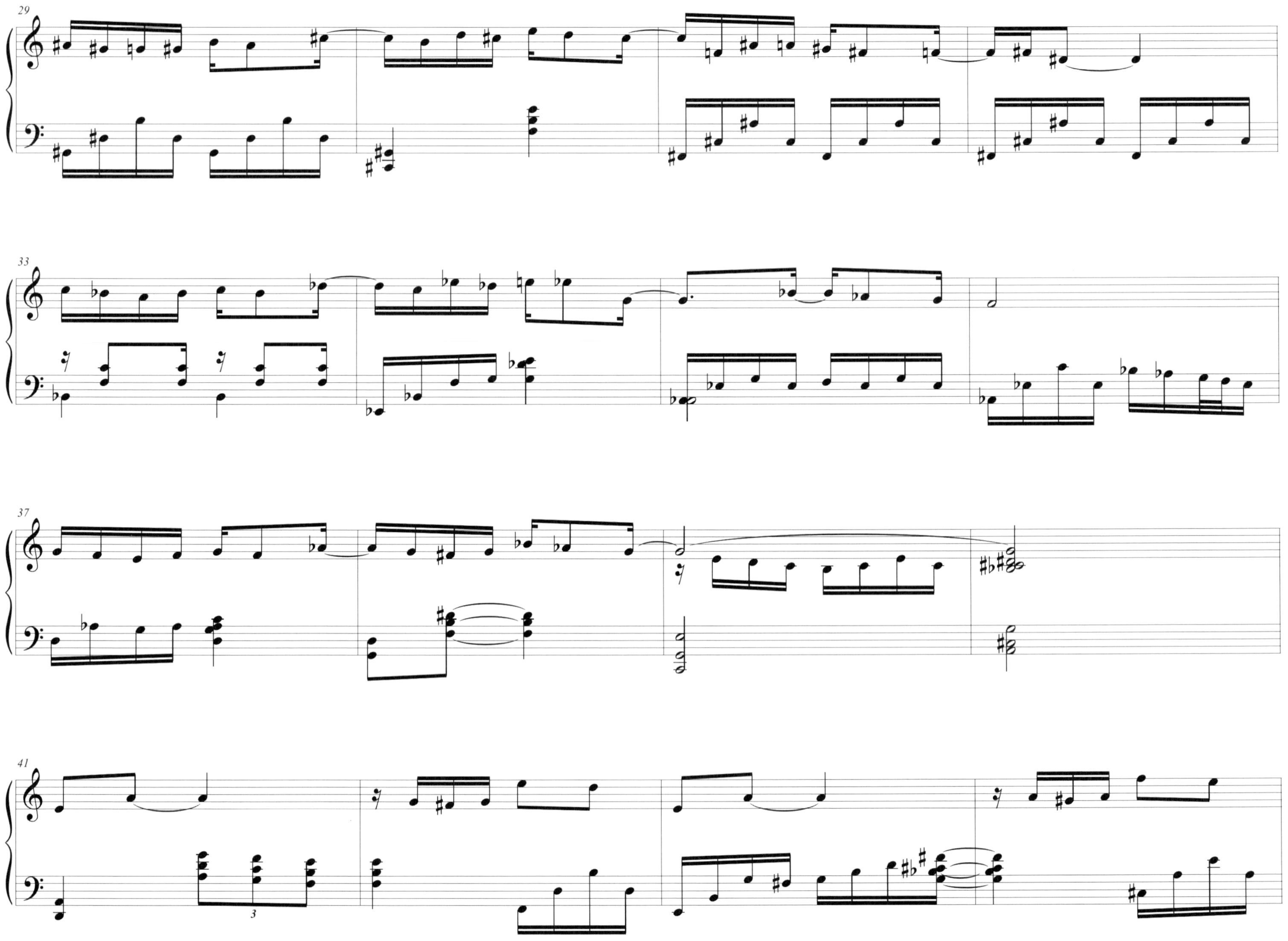
29
33
37
41
3

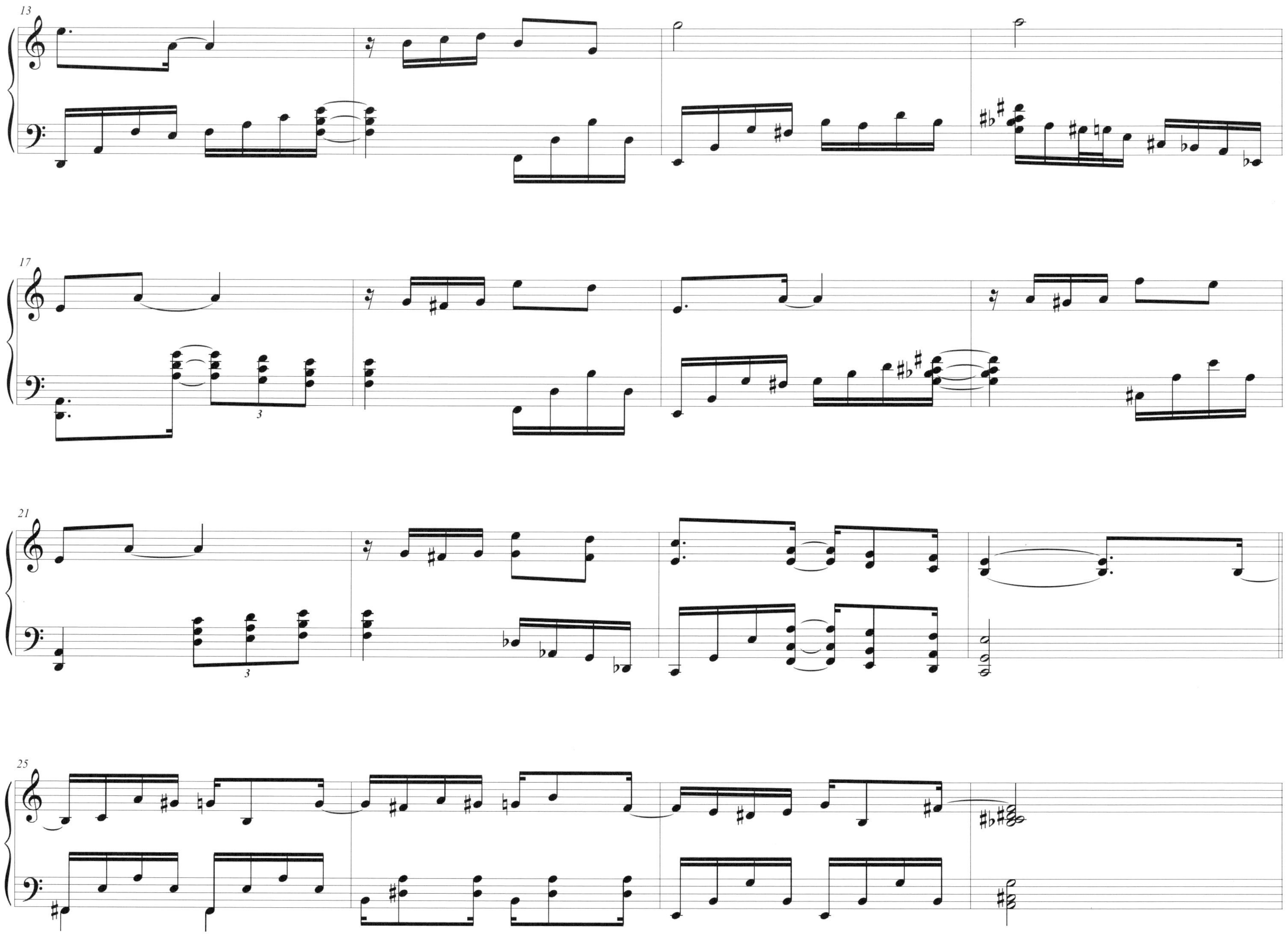
13
3
17
3
21
25

braz de pina (raízes)

CHORO LENTO DE GILSON PERANZZETTA

A meus pais, Célia e Nelson Peranzzetta, meu agradecimento e minha saudade.
Graças a eles, e a Braz de Pina, me tornei o músico que sou.

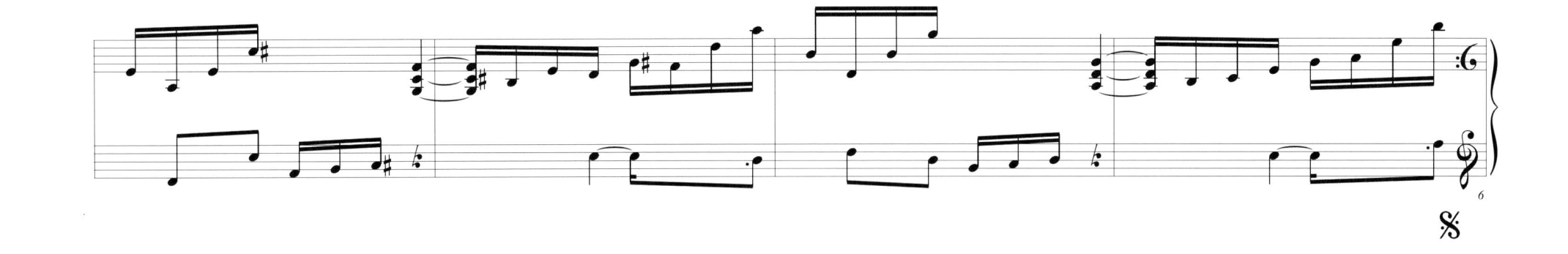

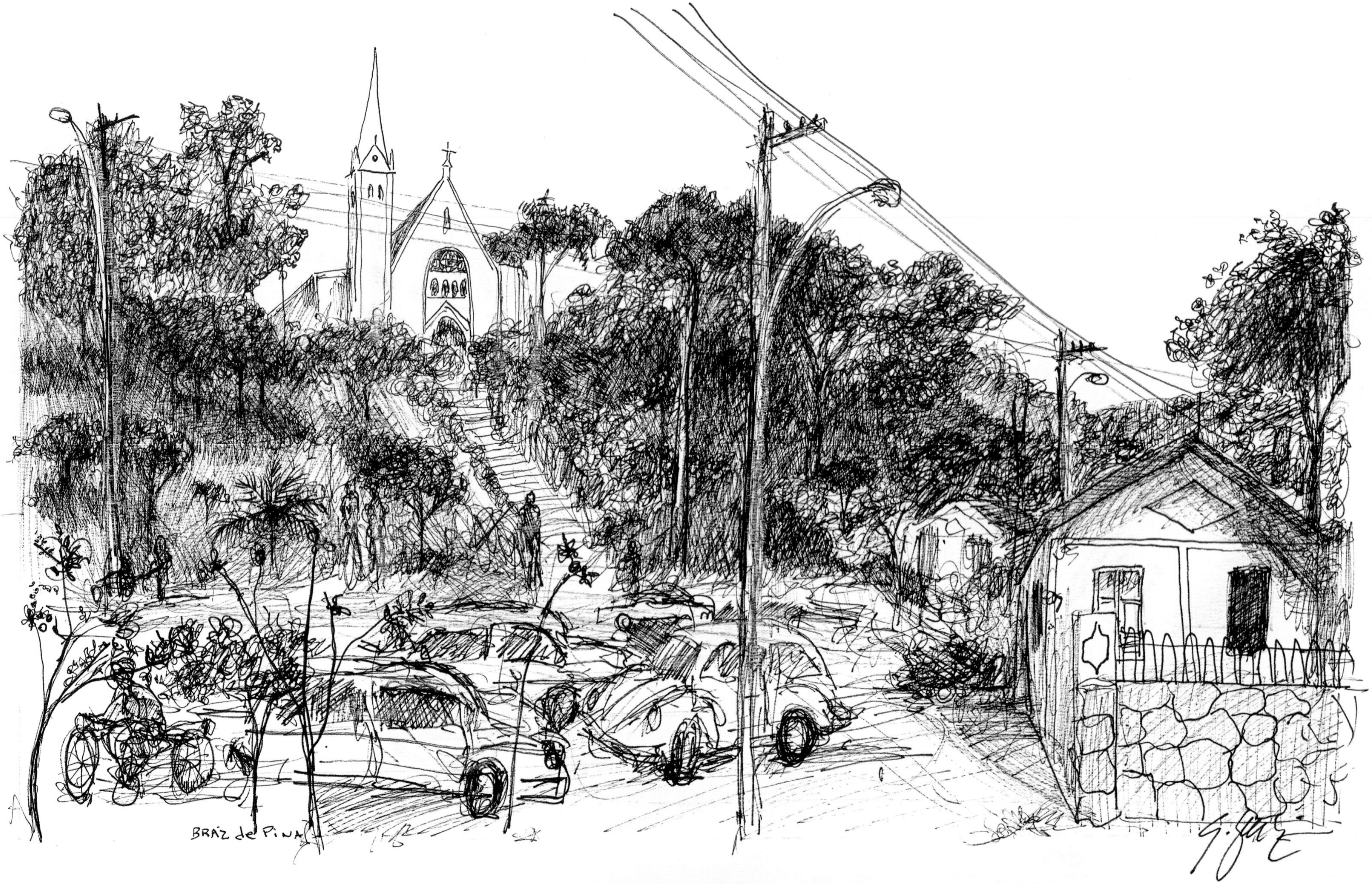
BRÁZ de PINA

GILSON PERANZZETTA
braz de pina (raízes)
CHORO LENTO

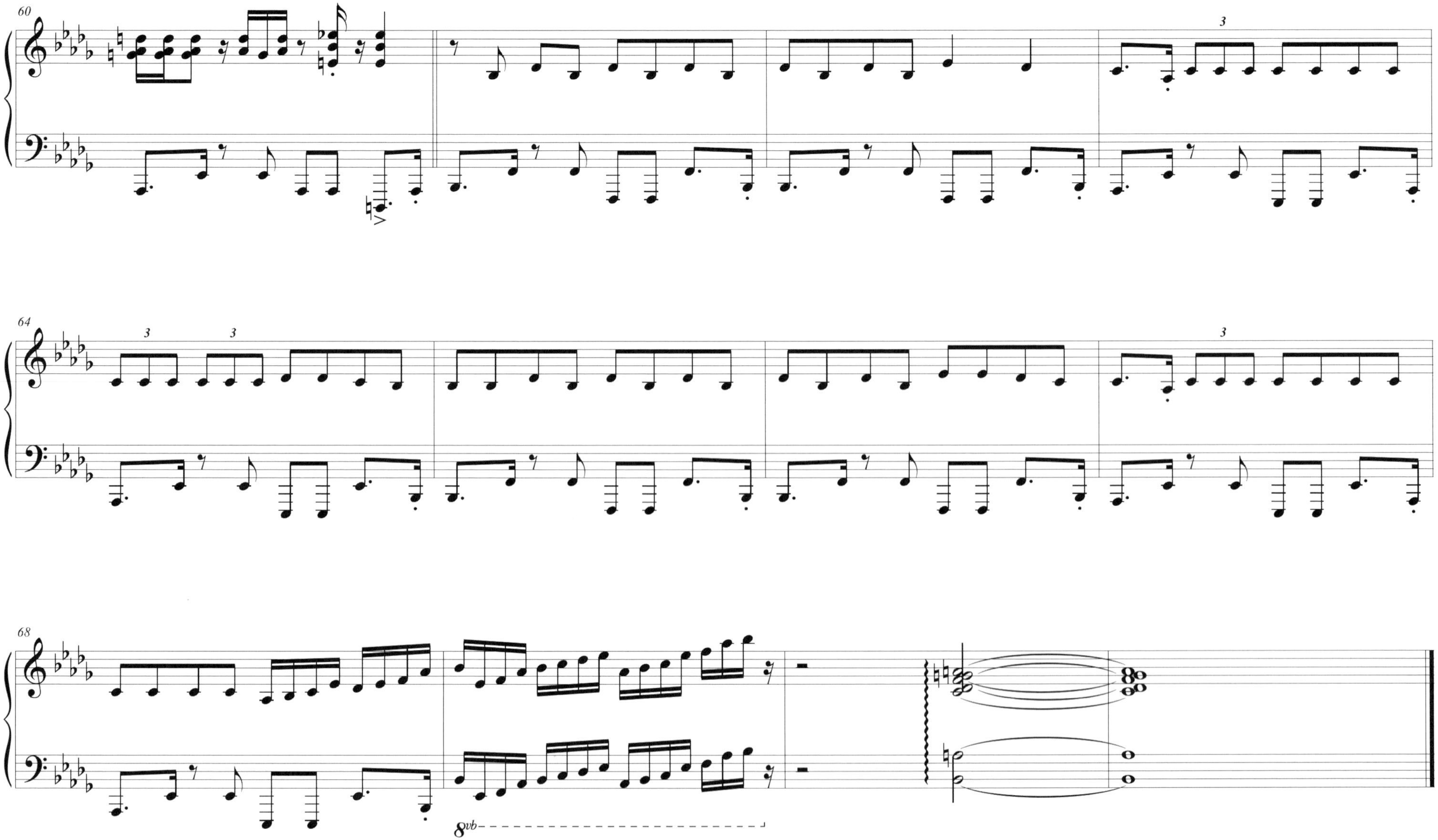
60
3
64
3
3
3
68
8vb

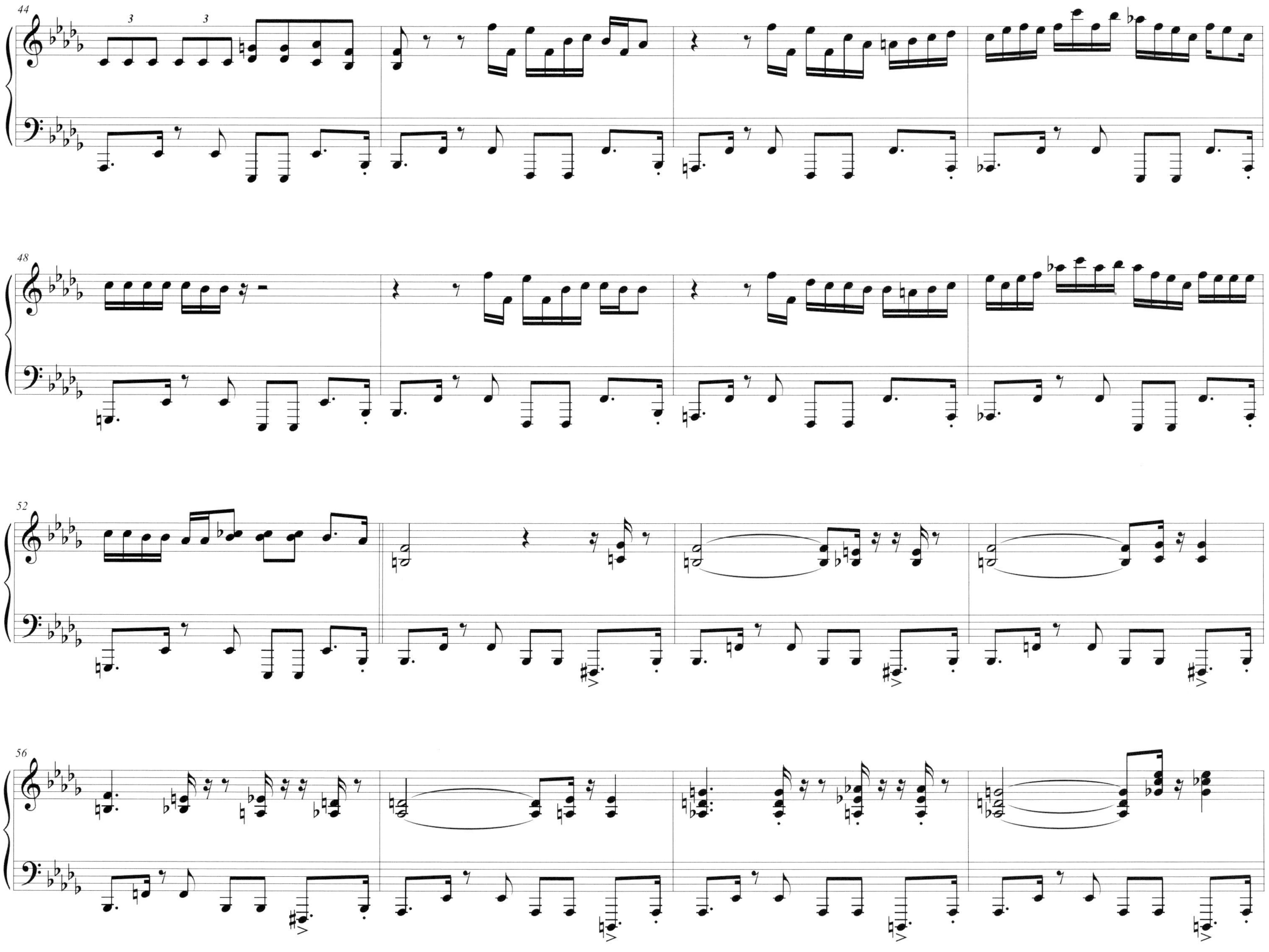
44
3
3
48
52
56

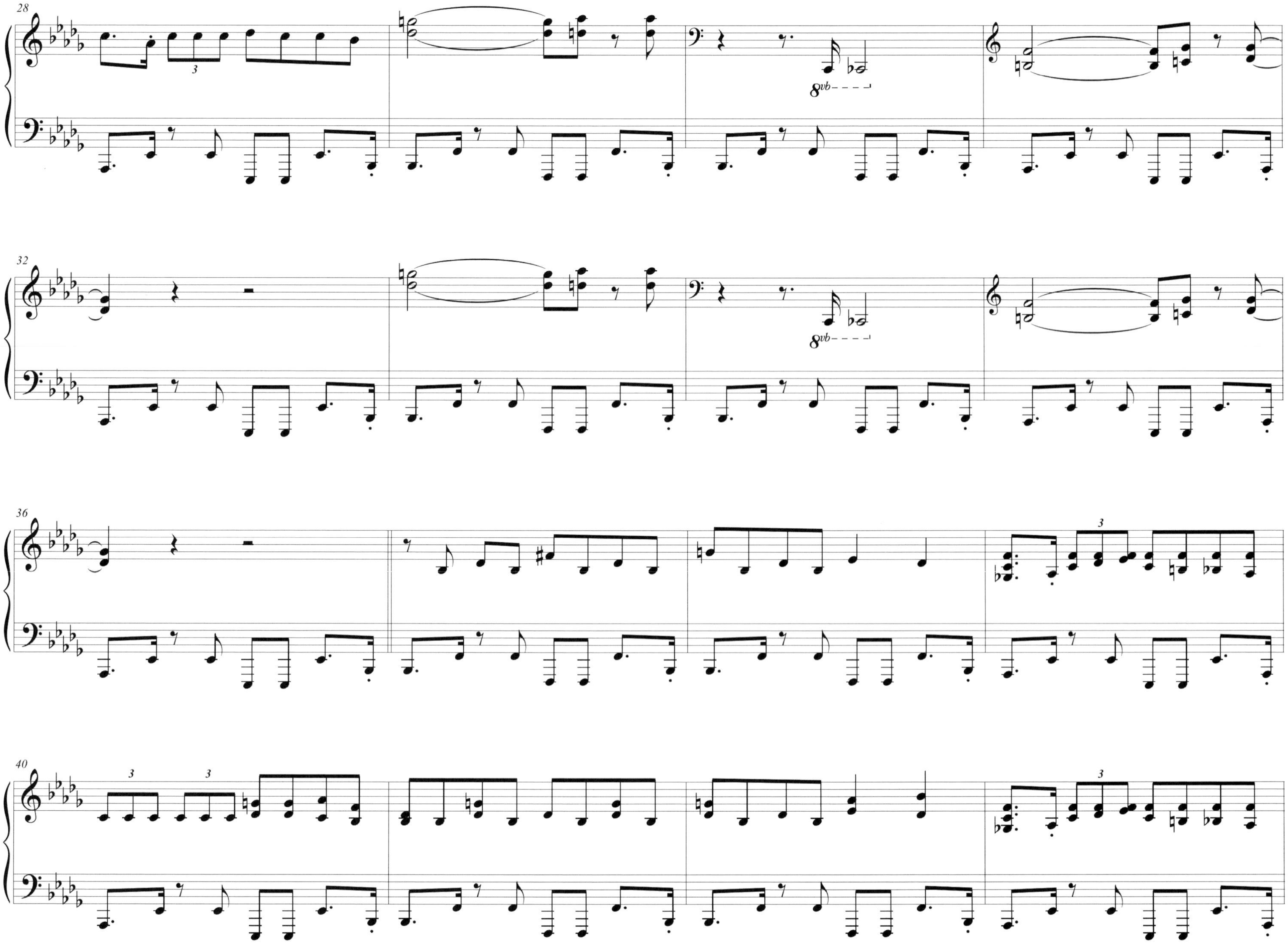
28
3
8vb
32
8vb
36
3
40
3
3
3

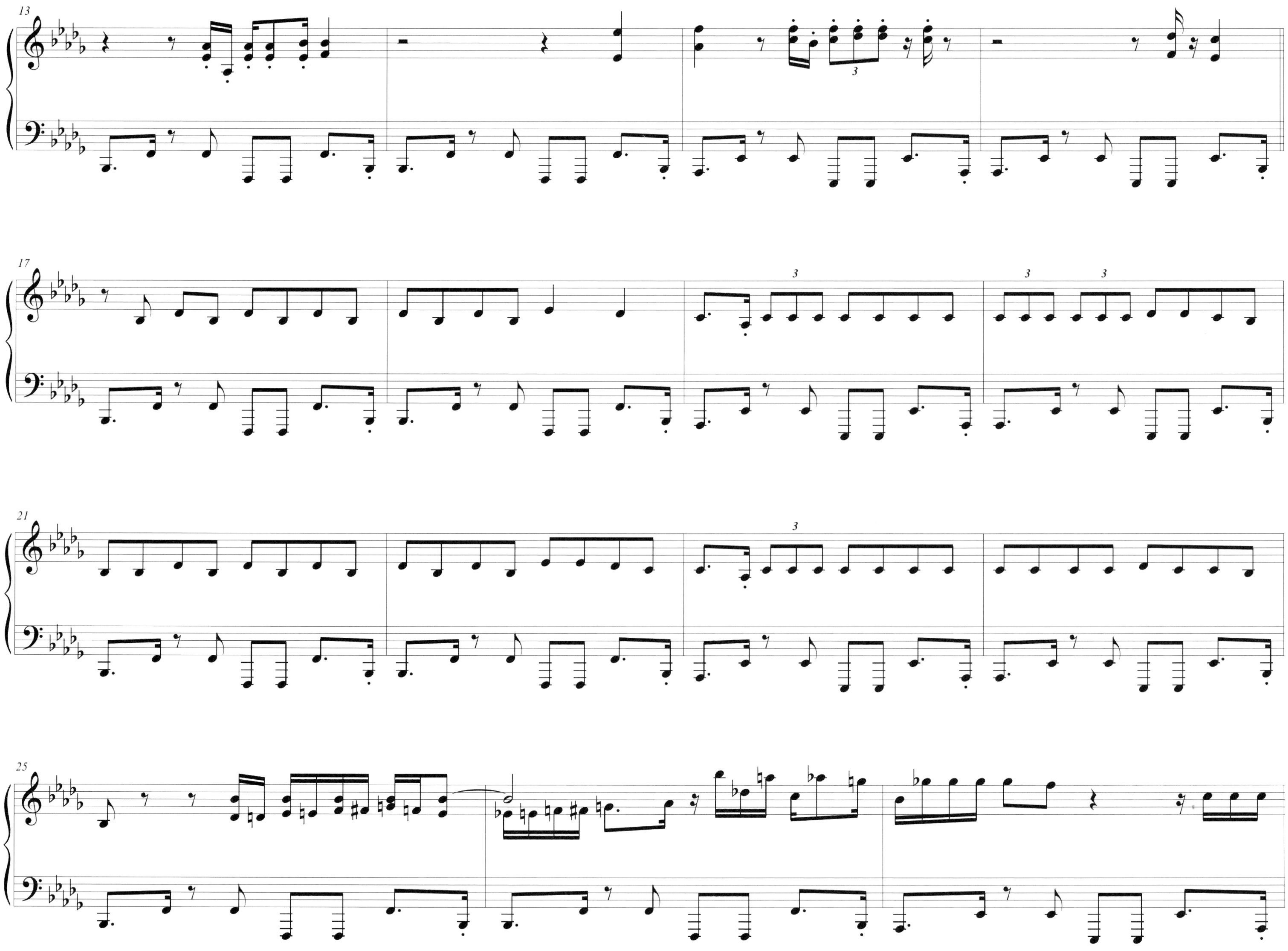
13
3
17
3
3
3
21
3
25

copacabana

FUNK CARIOCA DE DELIA FISCHER

A Antonio Fischer Band.

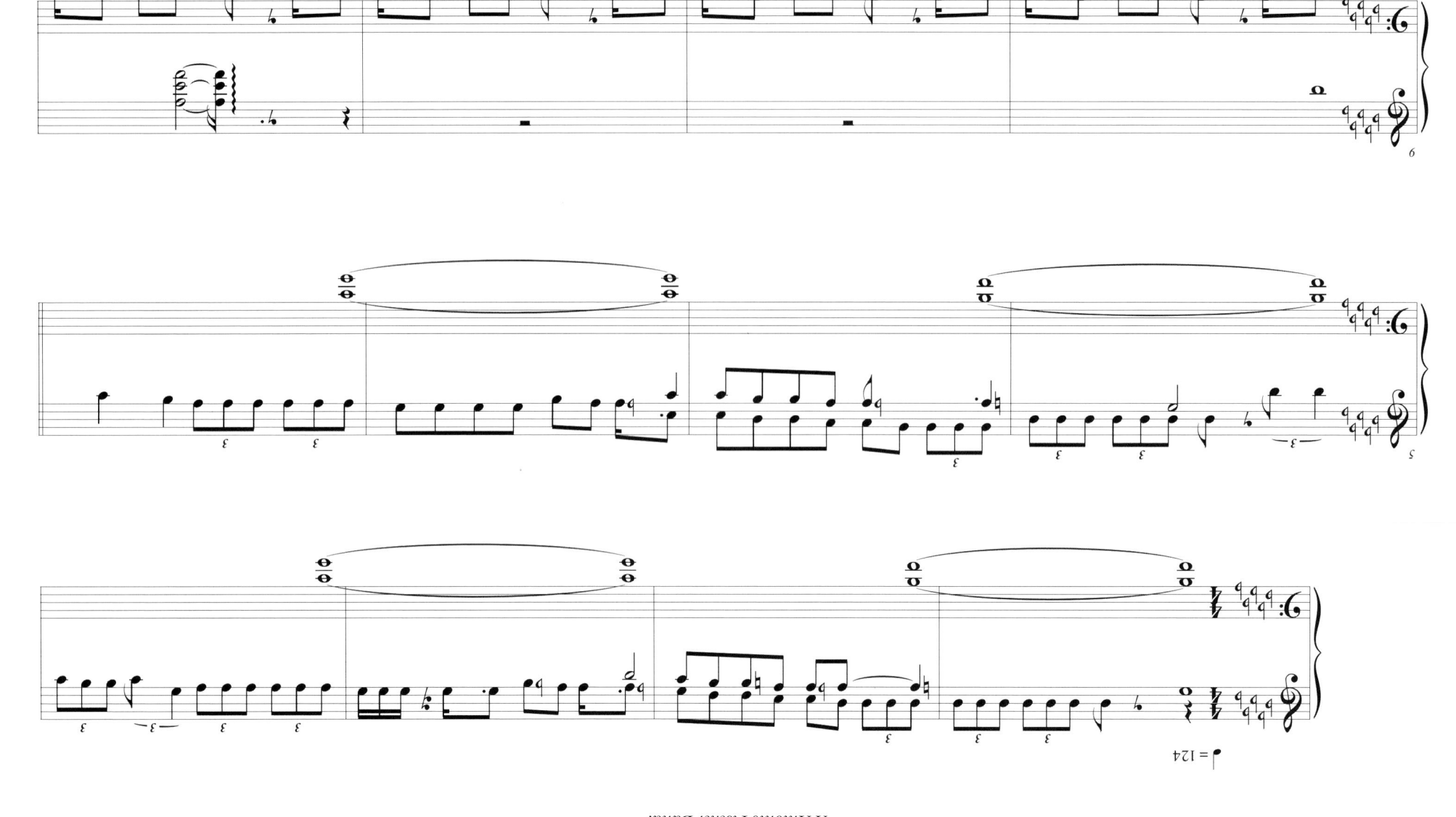

♩ = 124

COPACABANA

DELIA FISCHER

copacabana

FUNK CARIOCA

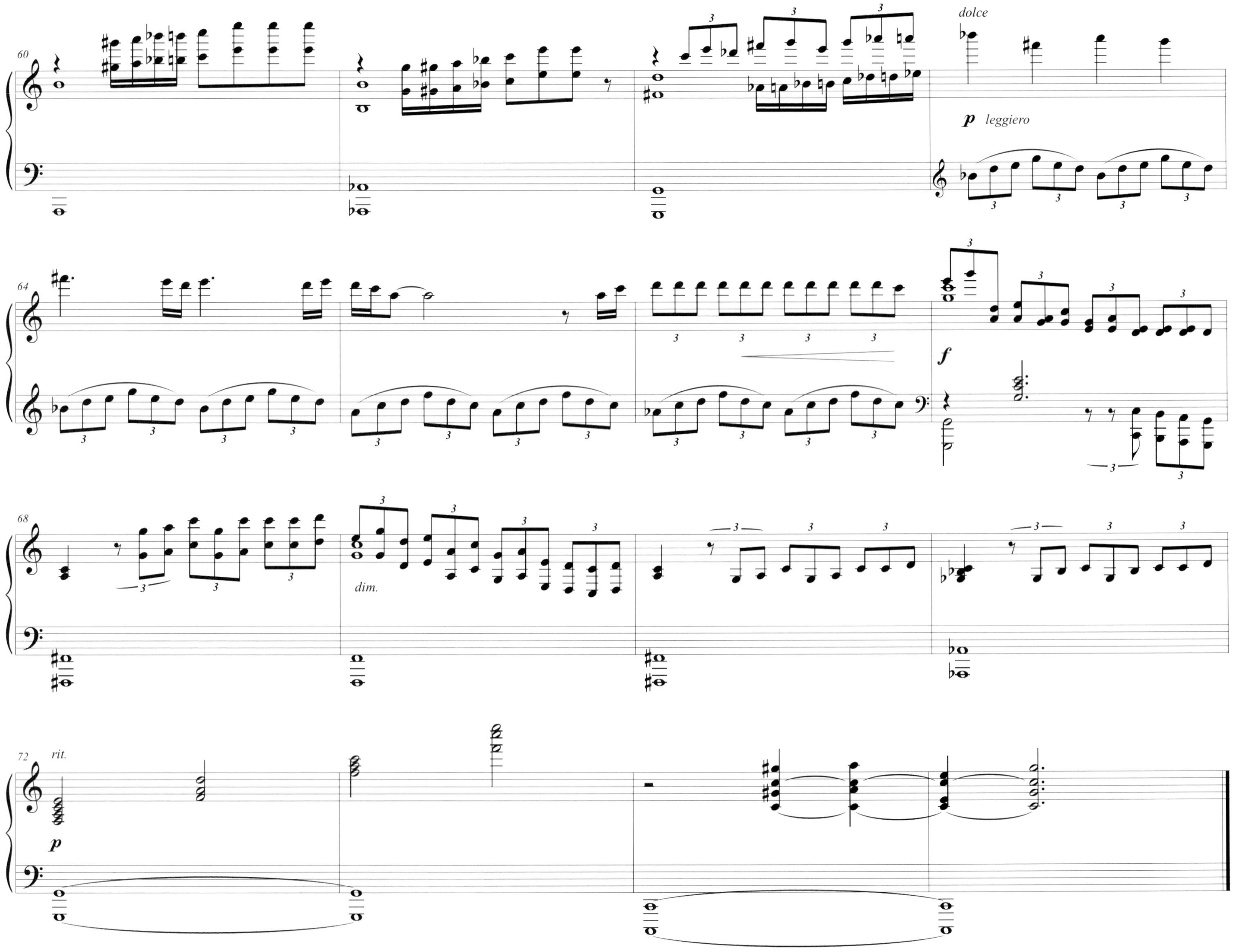

dolce
p leggiero
f
dim.
rit.
p

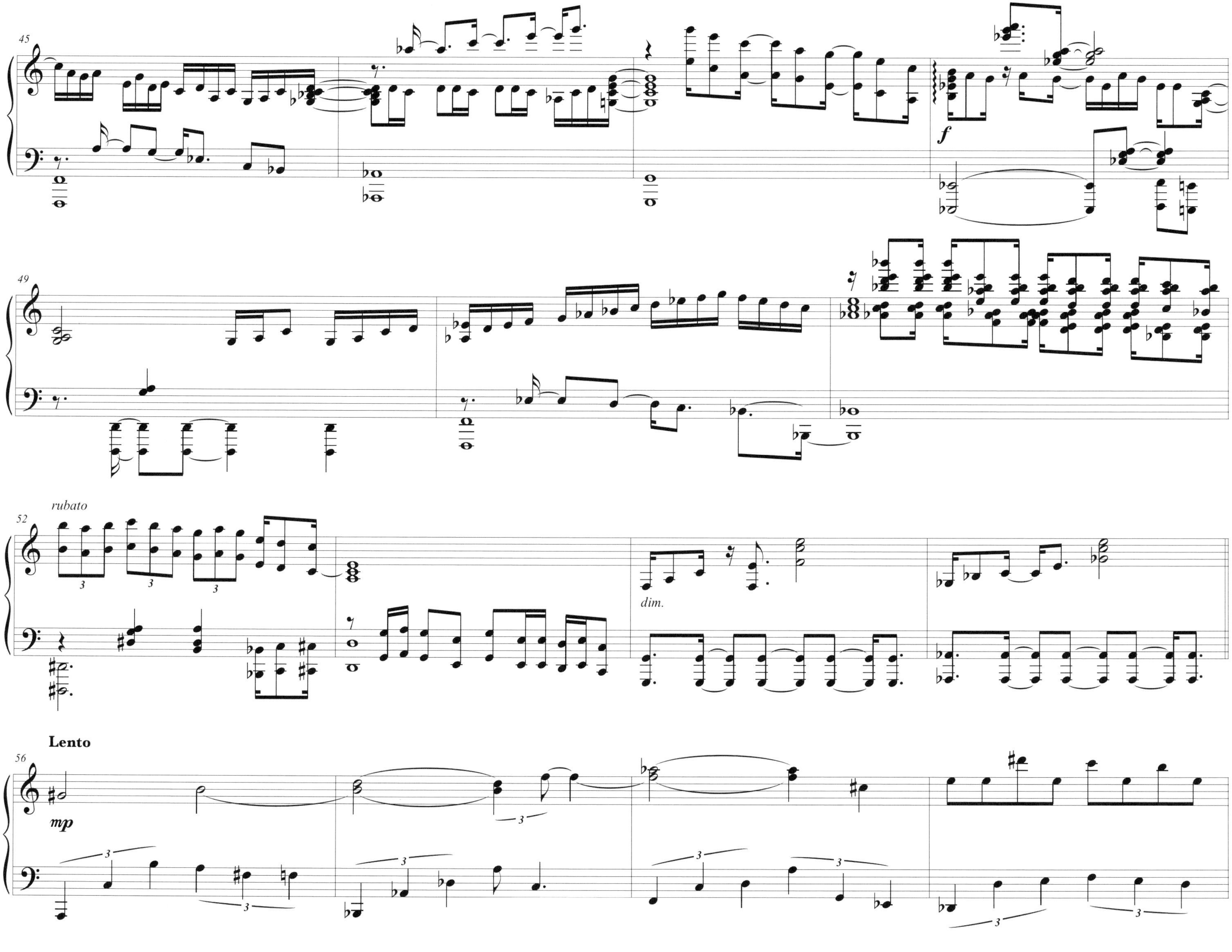

45
f
49
rubato
52
dim.
Lento
56
mp

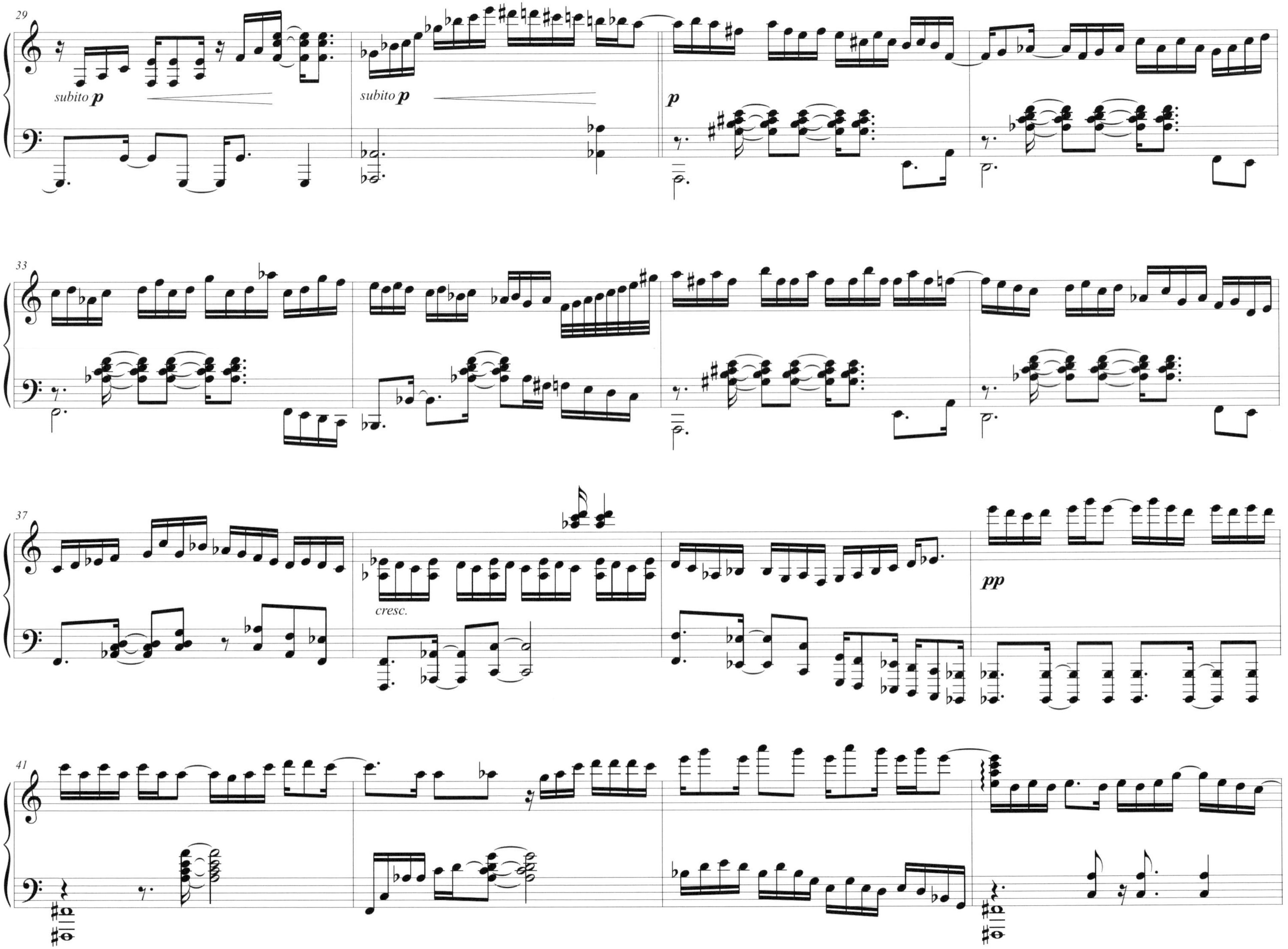

29
subito p
subito p
p
33
37
cresc.
pp
41

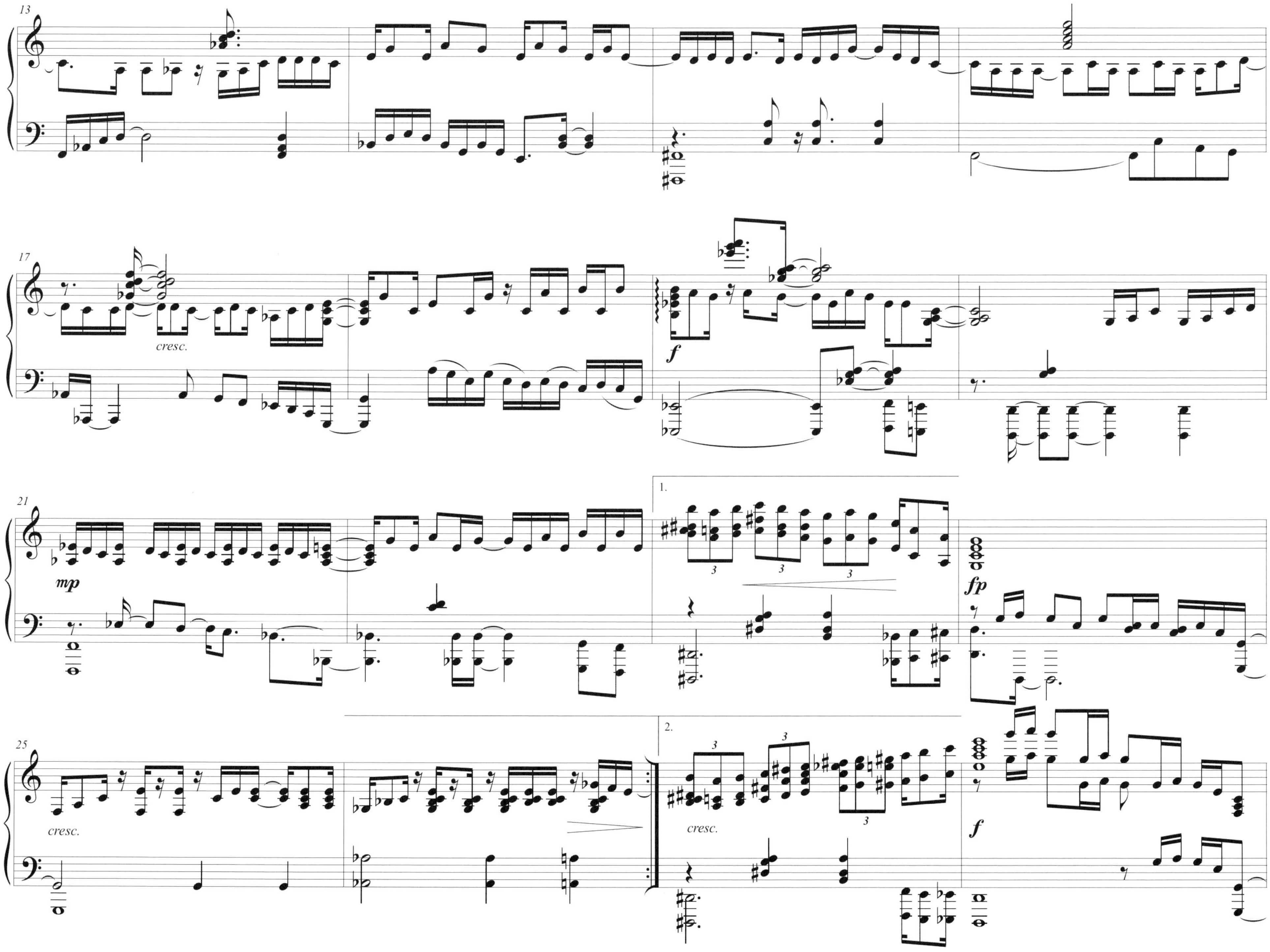

13
17
cresc.
f
21
mp
1.
fp
25
cresc.
2.
cresc.
f

centro

CHORO DESCRITIVO DE MAÍRA FREITAS

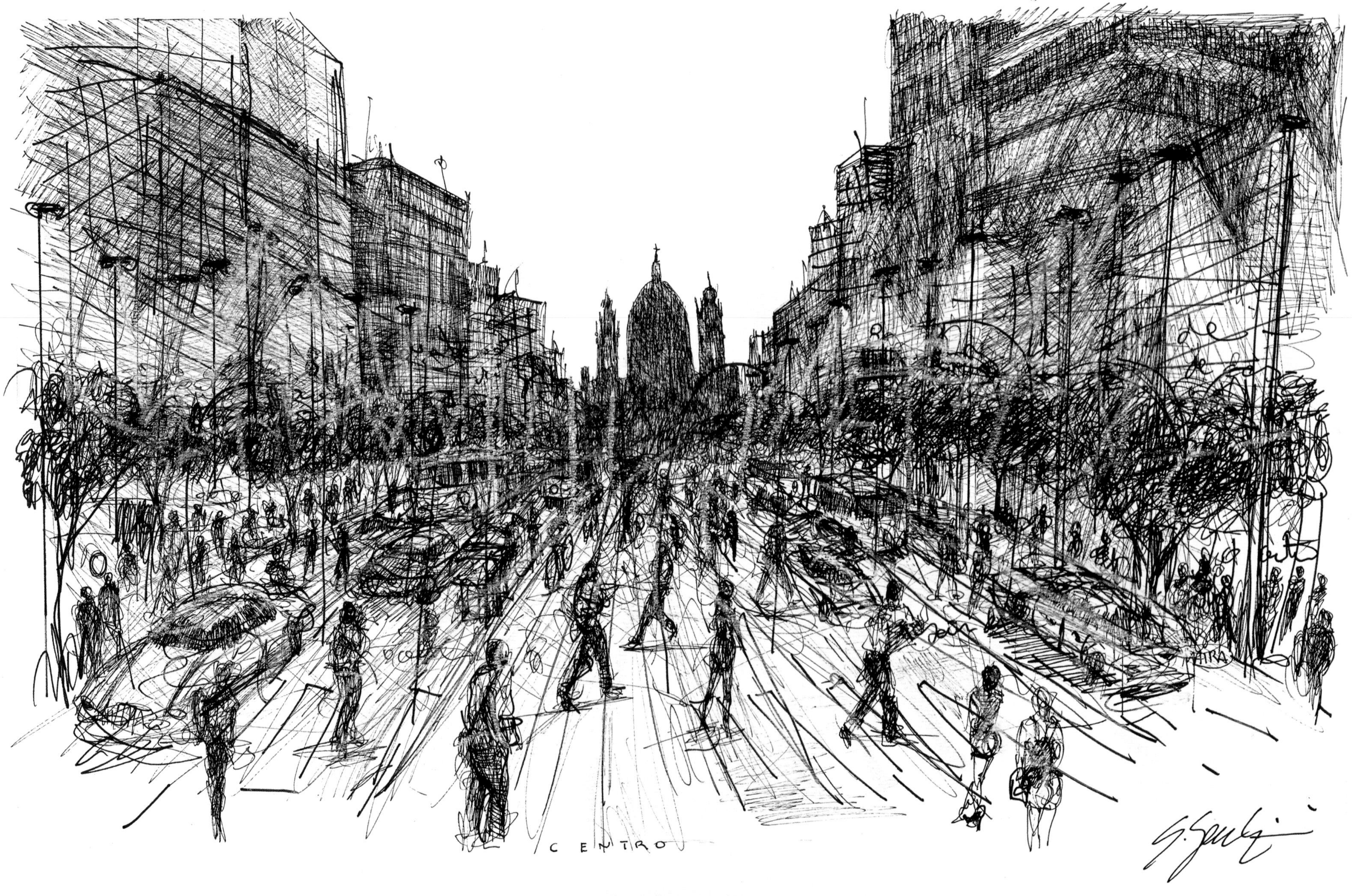
CENTRO

MAÍRA FREITAS

centro

CHORO DESCRITIVO

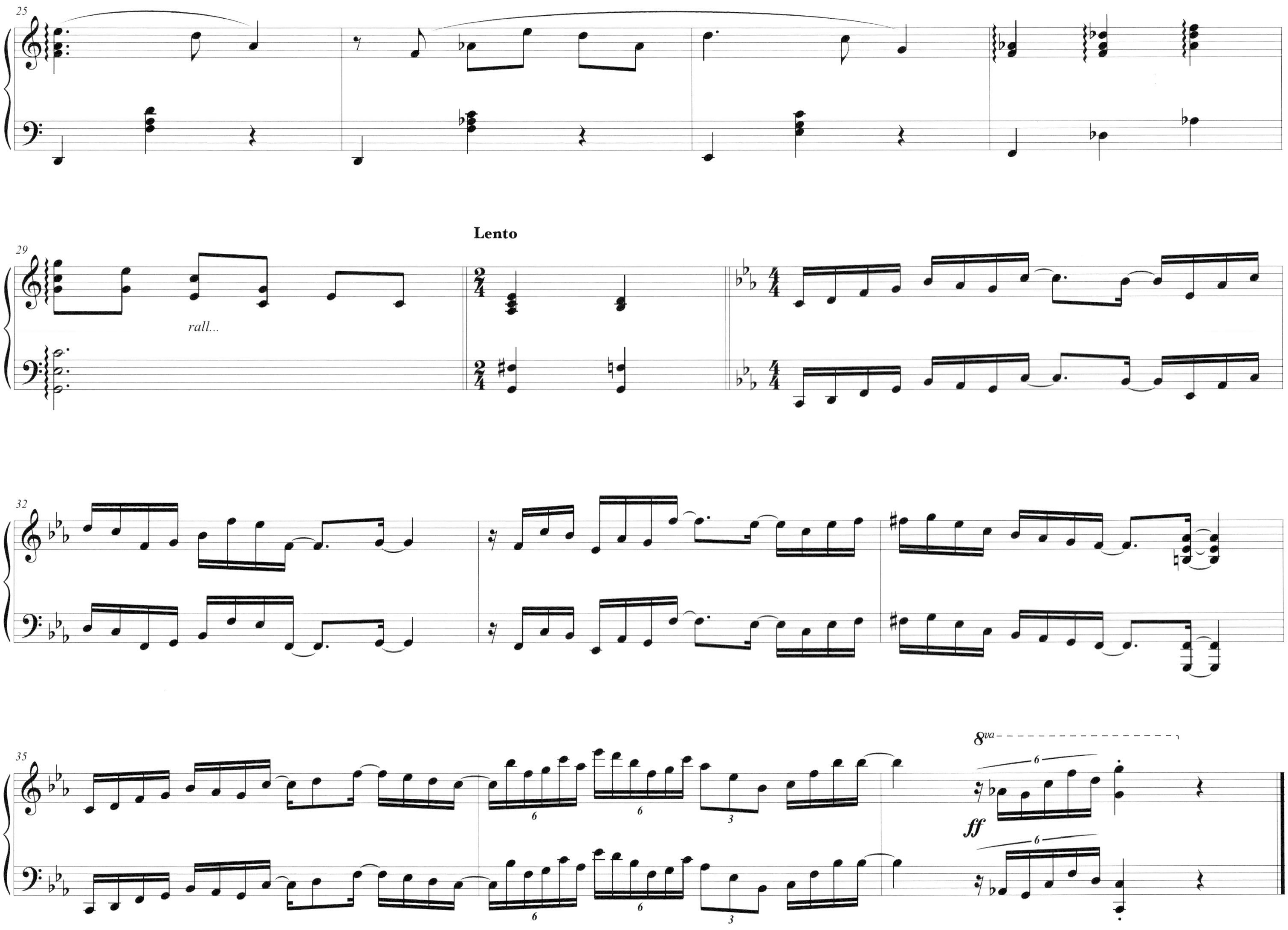

25
29
Lento
rall...
32
35
8va
ff

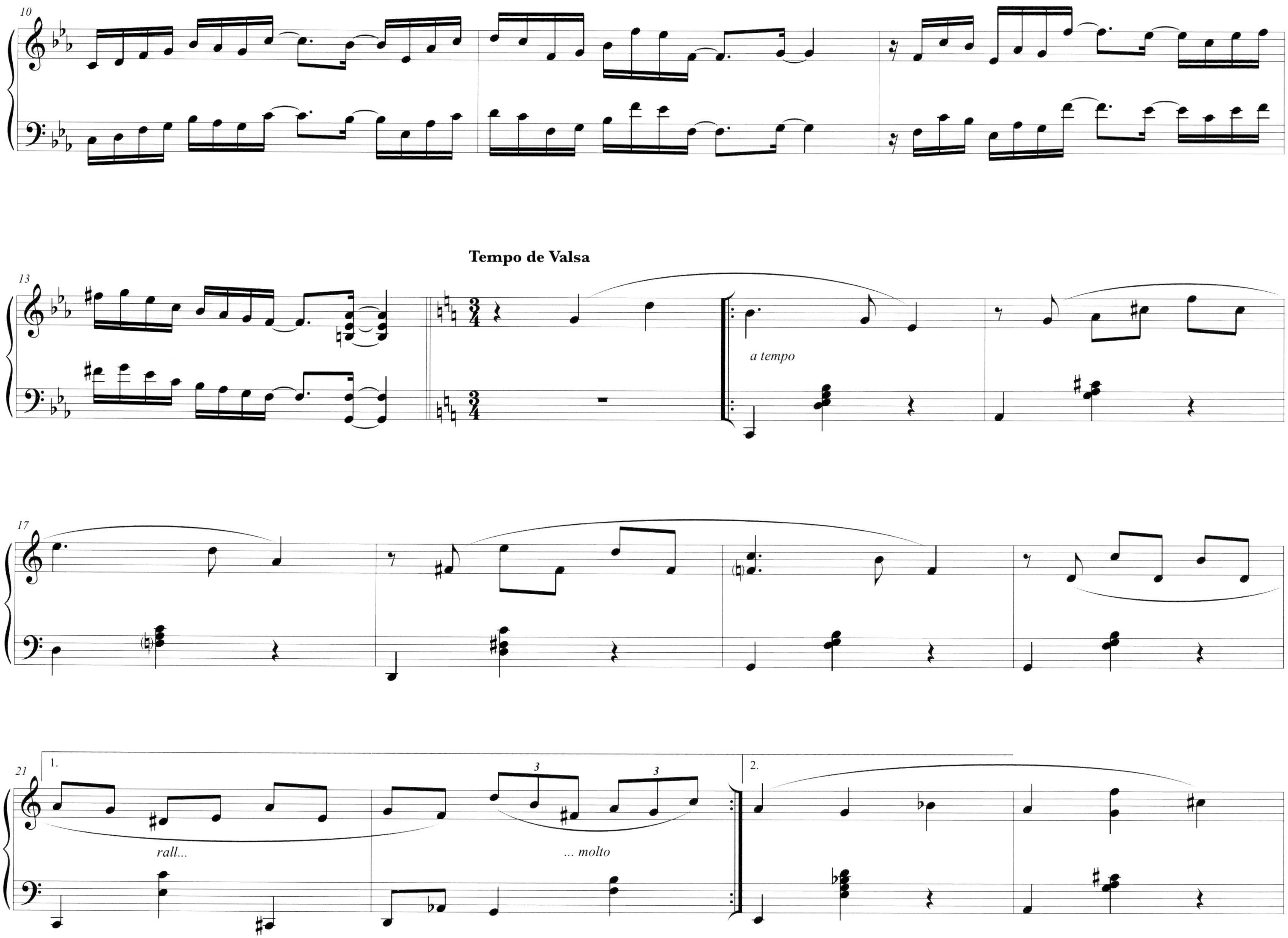
10
13
Tempo de Valsa
a tempo
17
21
1.
rall...
... molto
2.

Iapa (na lapa)

CHORO DE MARIA TERESA MADEIRA

Dedicada a Marcio Dornelles.

* na repetição, mão esquerda pode ser feita oitava abaixo

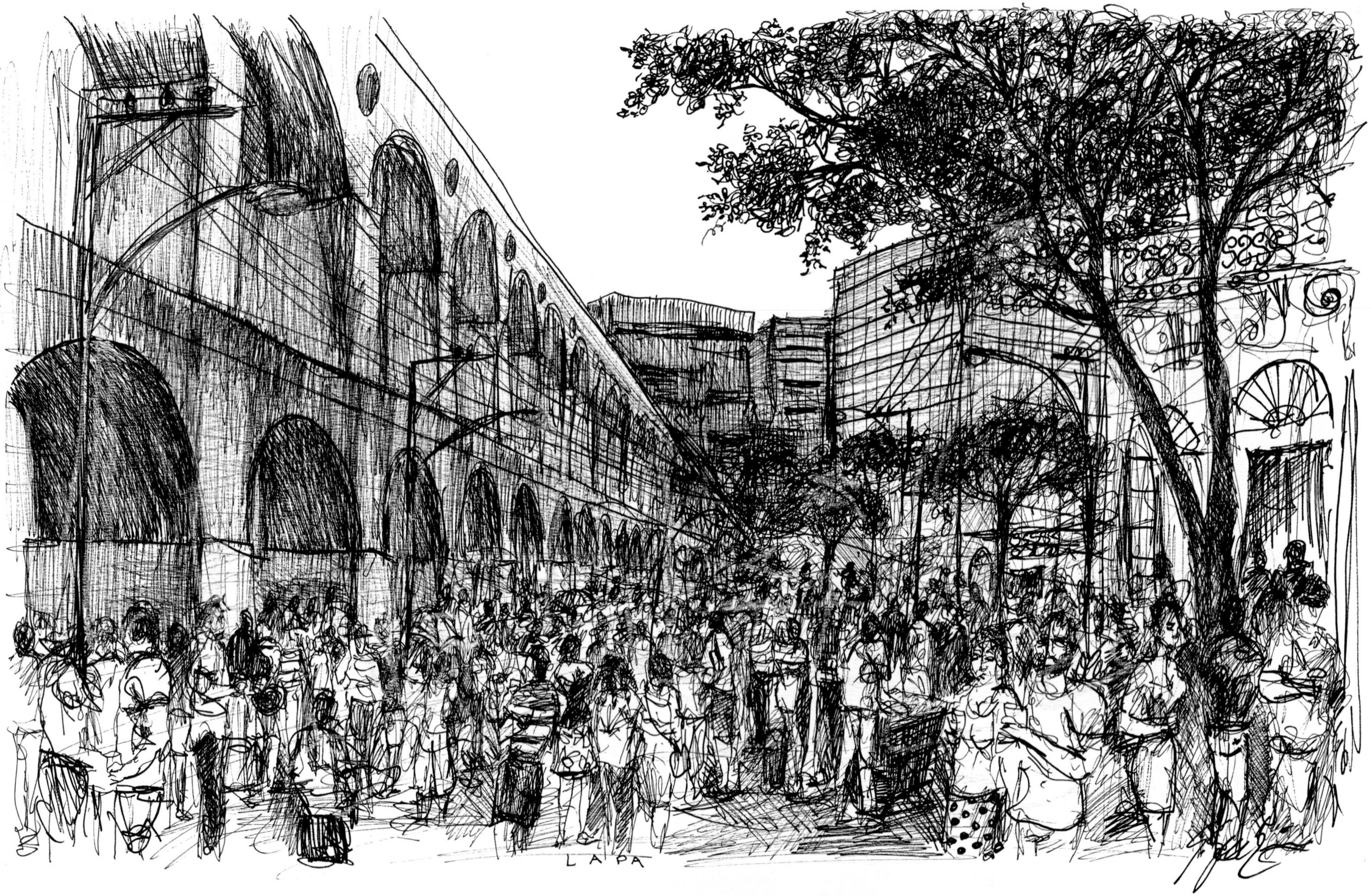
LAPA

MARIA TERESA MADEIRA

lapa (na lapa)

CHORO

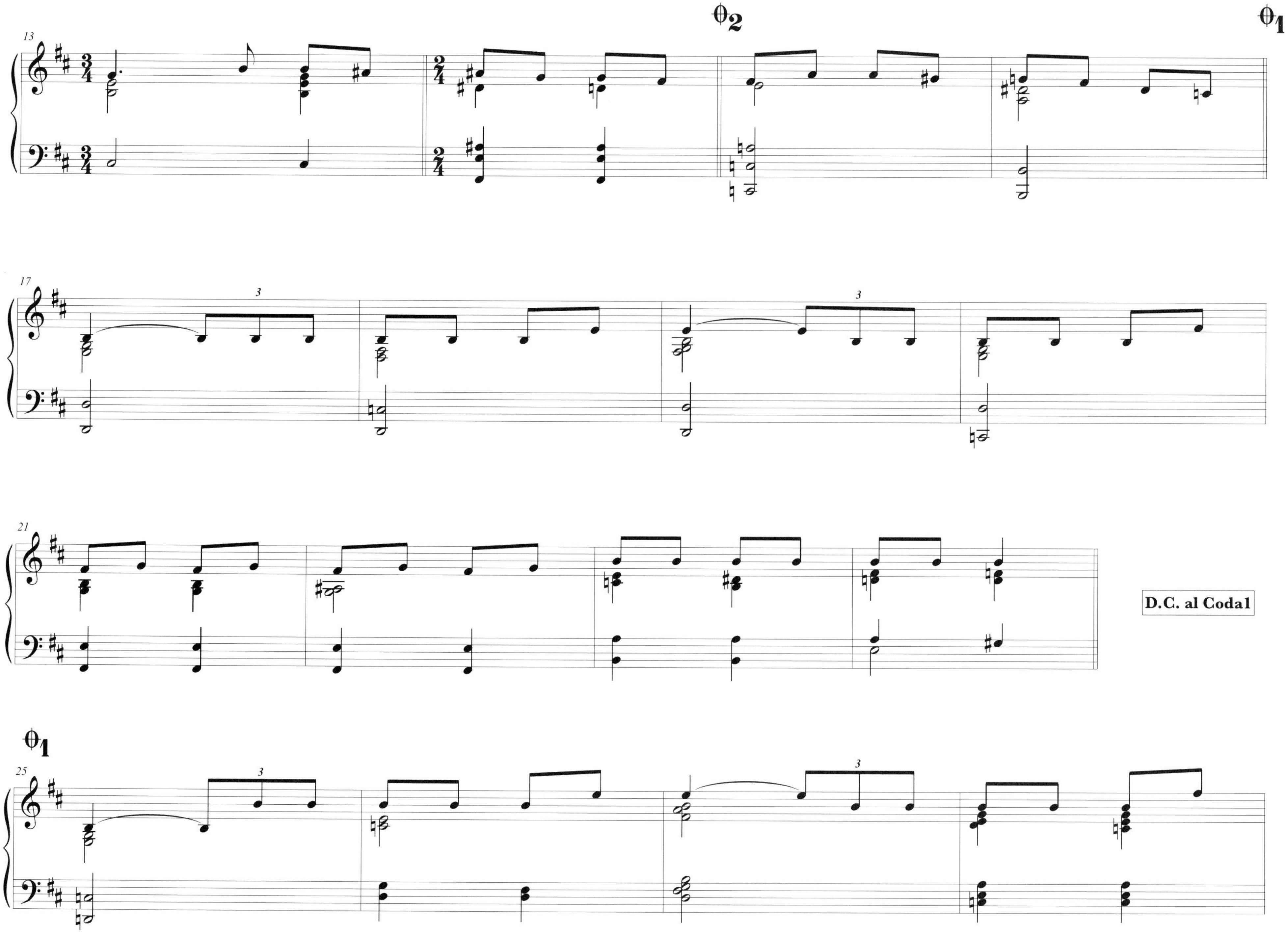

13
2
1
17
3
3
21
D.C. al Coda1
1
25
3
3

gávea

MODINHA DE FRANCIS HIME

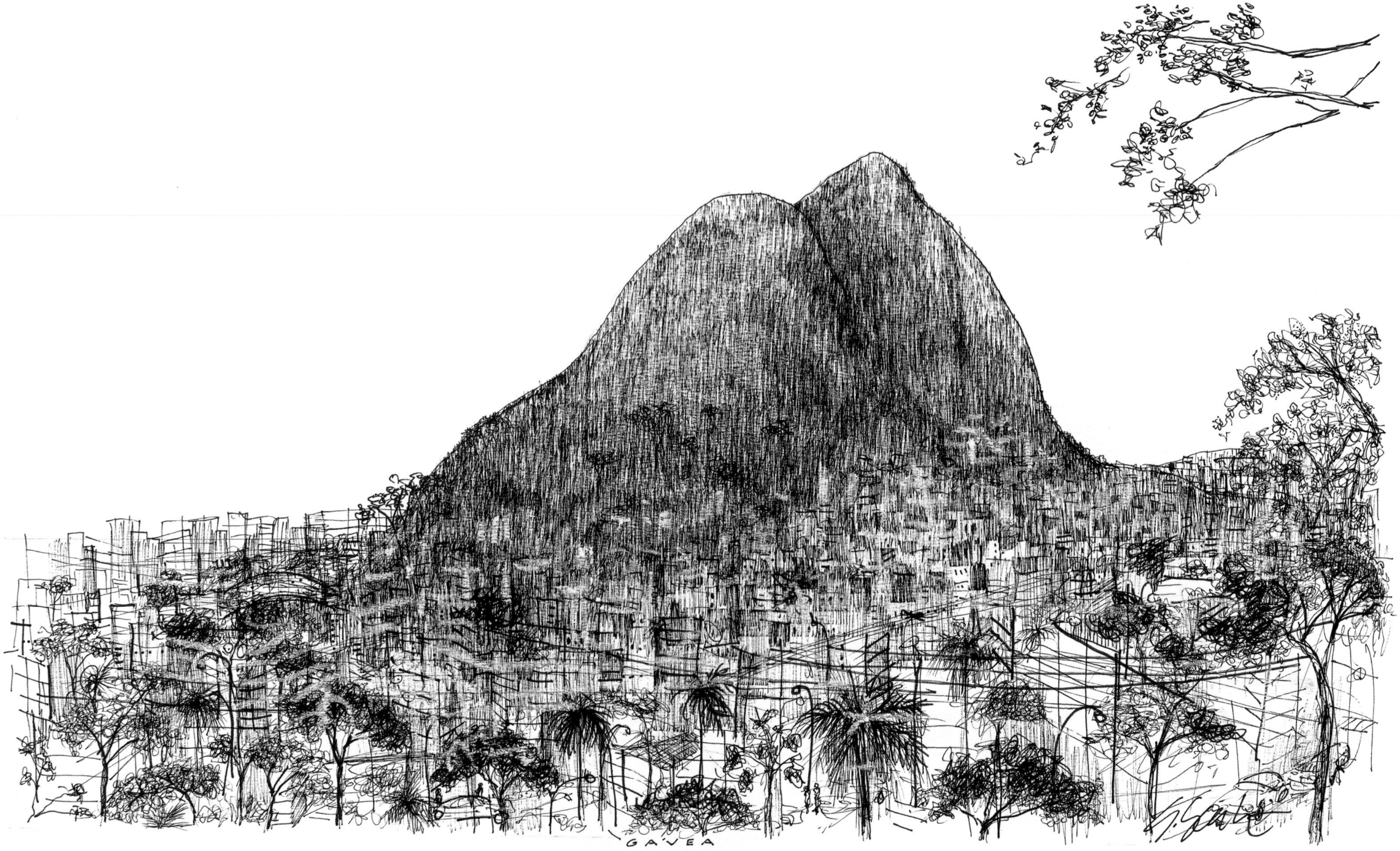
GÁVEA

FRANCIS HIME
gávea
MODINHA

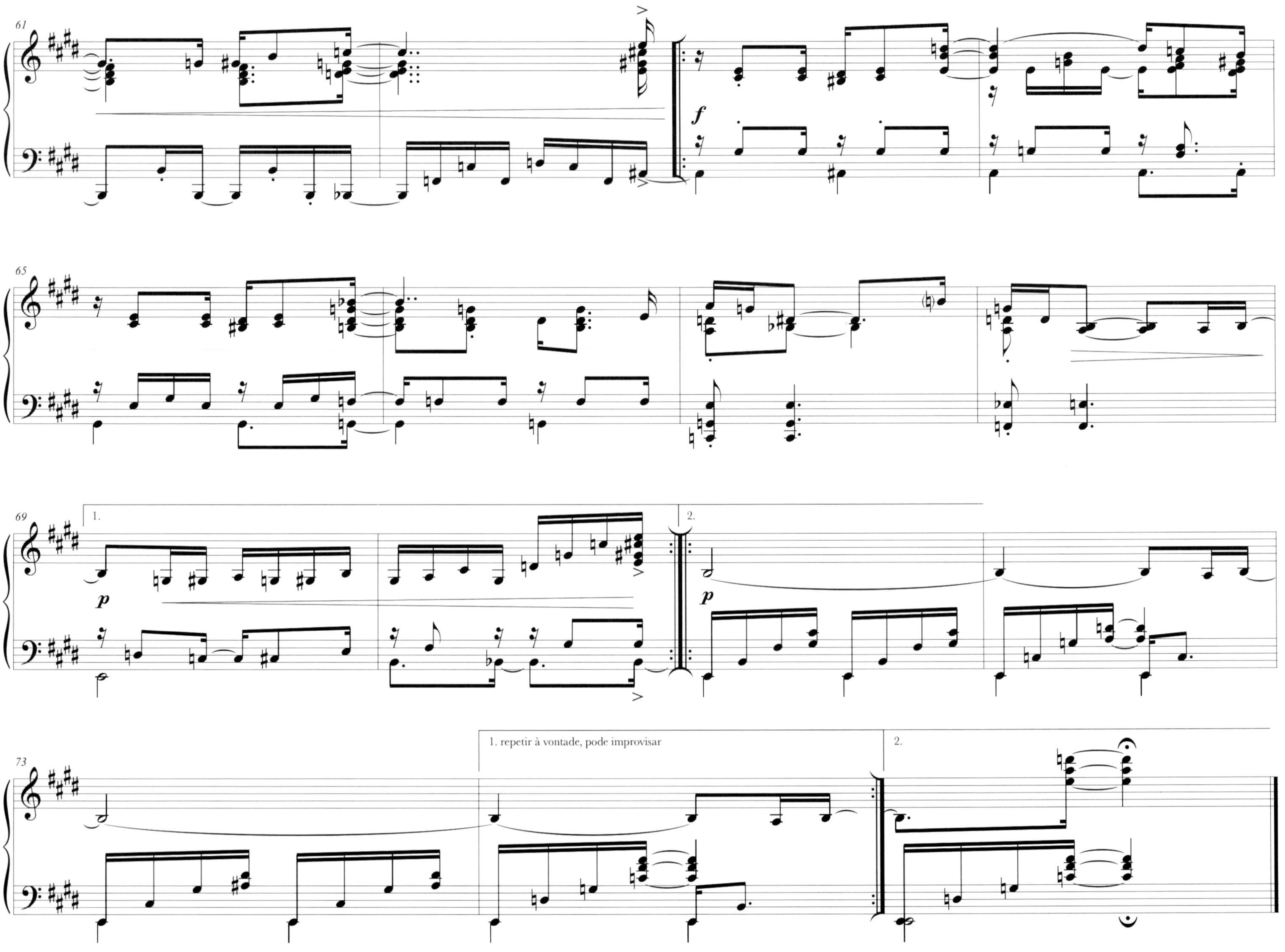
61
65
69
1.
2.
73
1. repetir à vontade, pode improvisar
2.

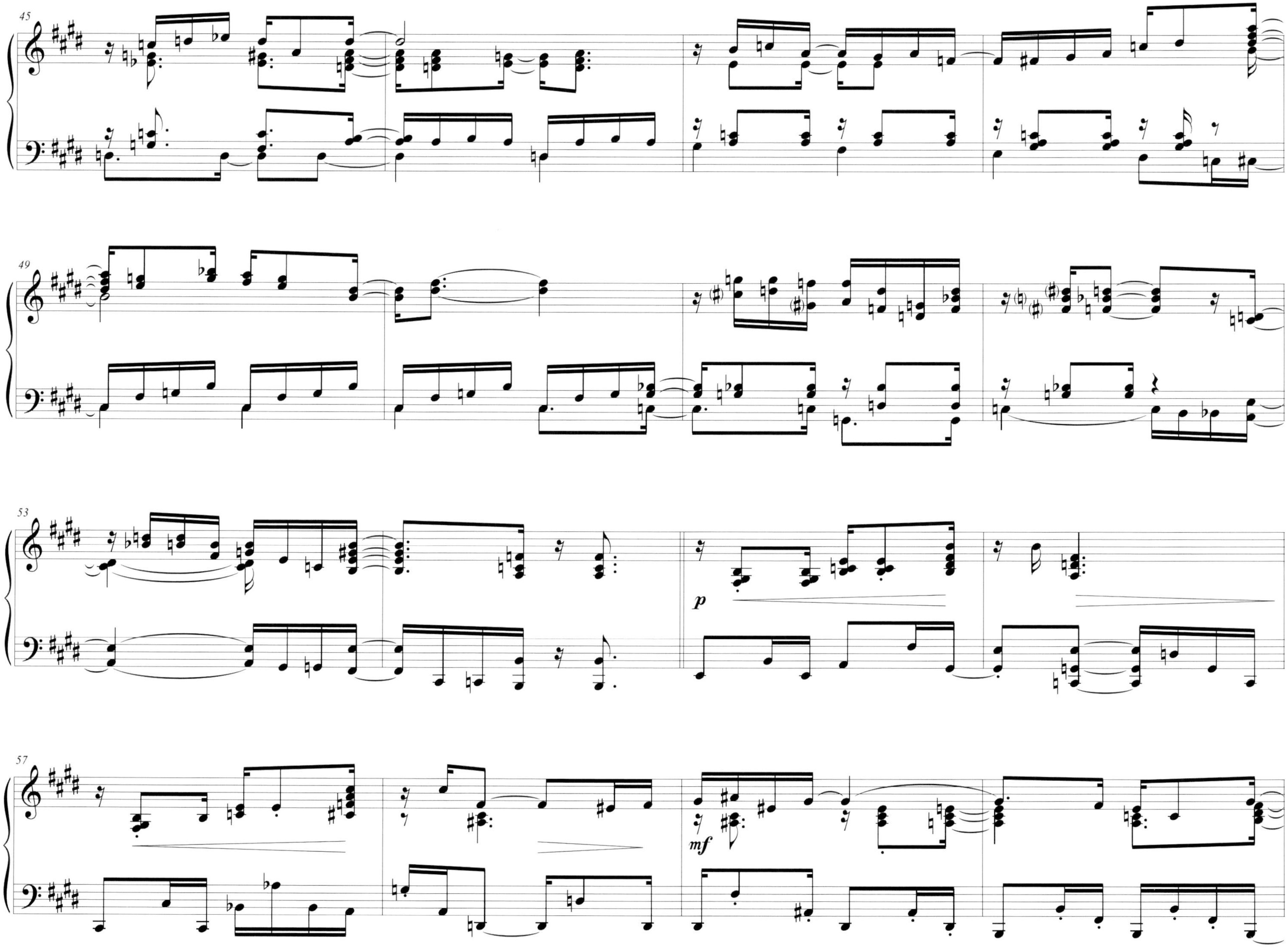

45
49
53
p
57
mf

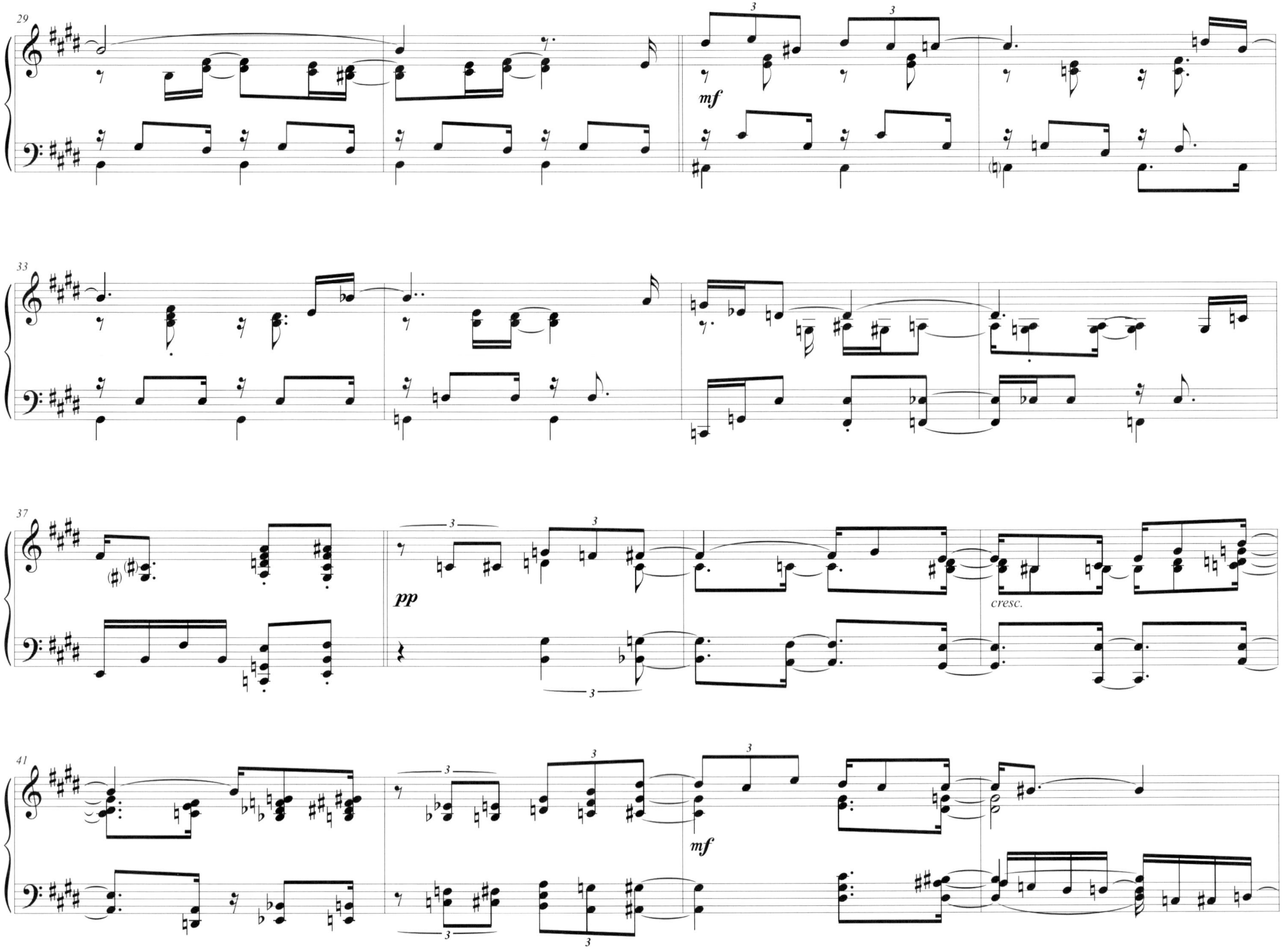
29
mf
33
37
pp
cresc.
41
mf

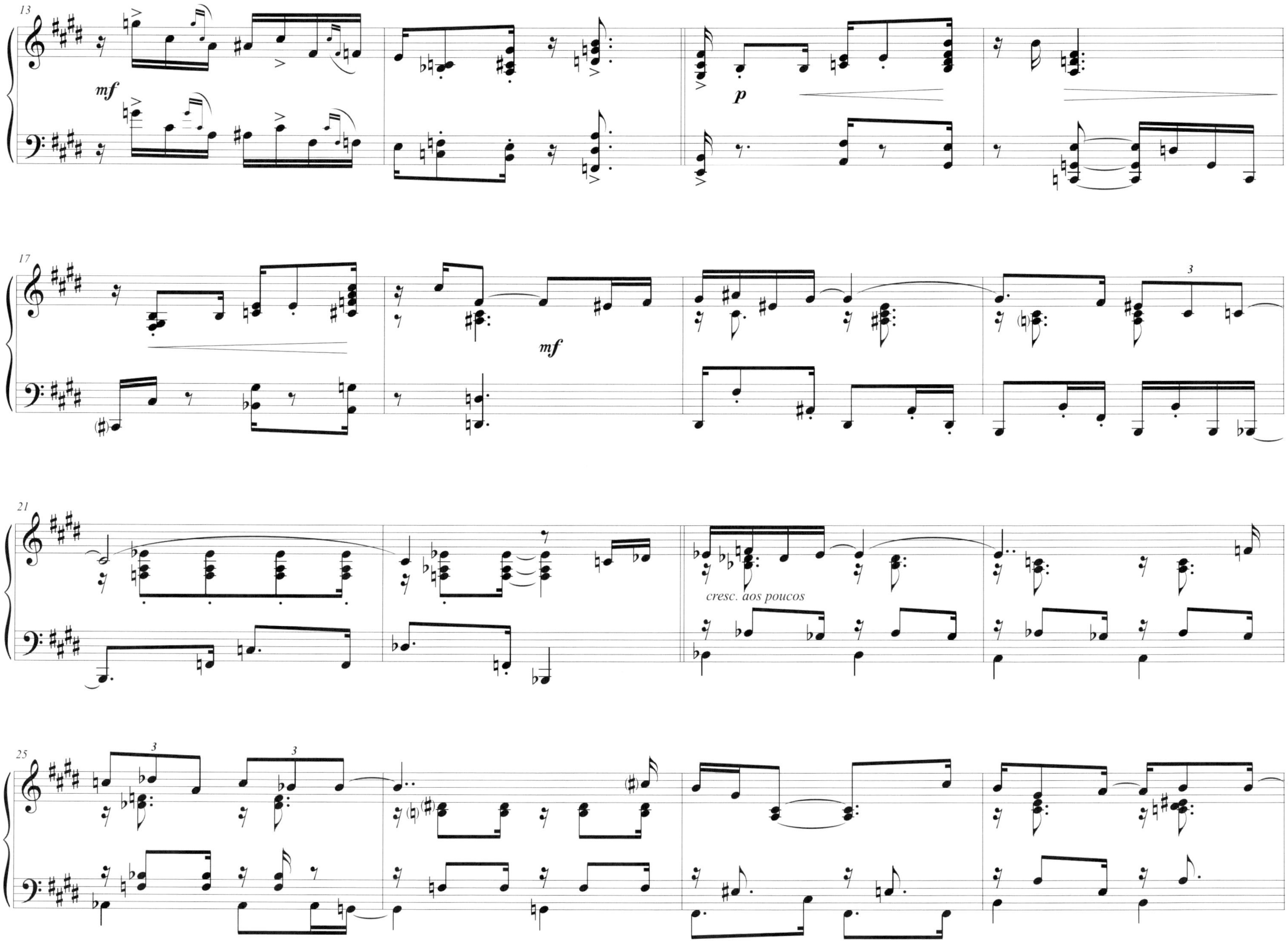
13
mf
p
17
mf
3
21
cresc. aos poucos
25
3
3

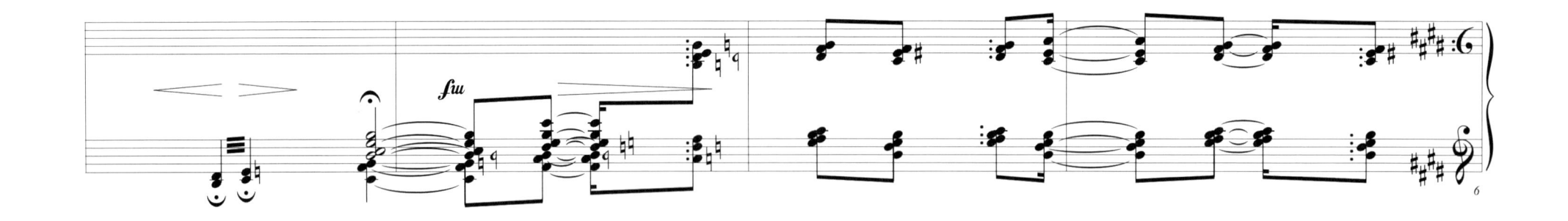

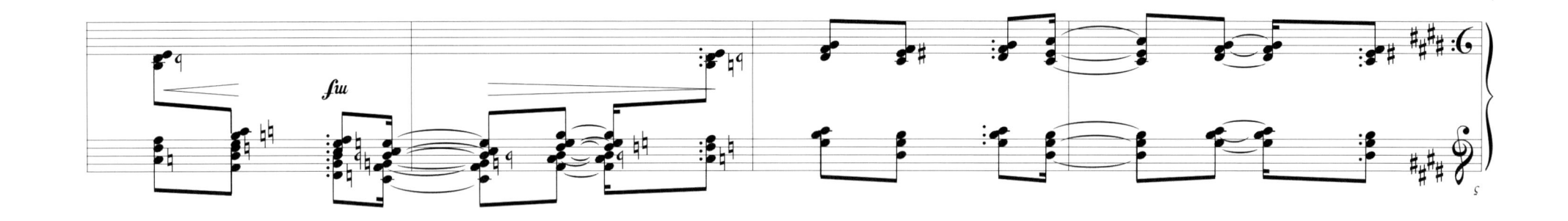

Flamengo
BOSSA NOVA DE ITAMAR ASSIERE

FLAMENGO

ITAMAR ASSIERE

flamengo

BOSSA NOVA

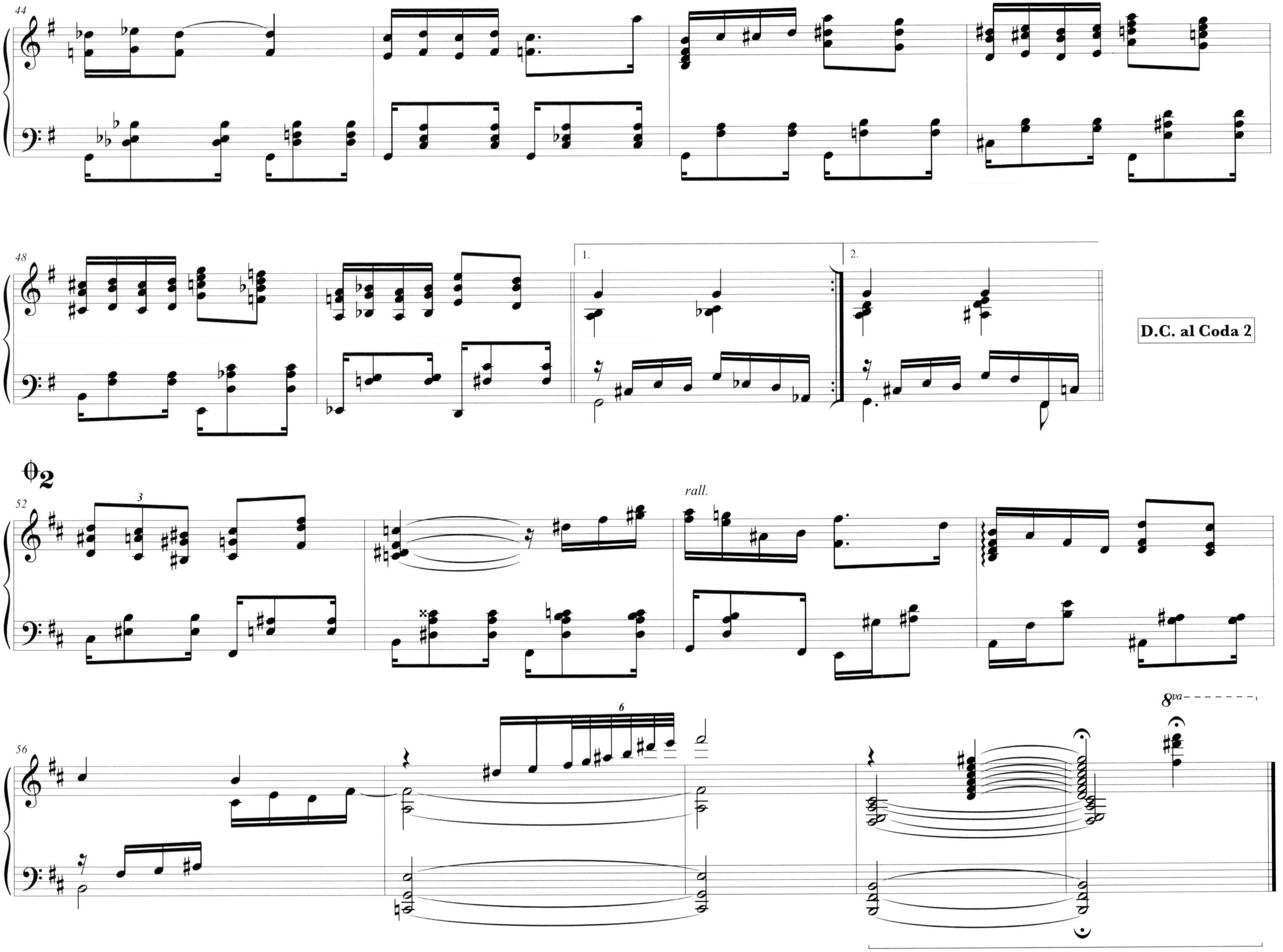

44
48
1.
2.
D.C. al Coda 2
52
rall.
56
8va

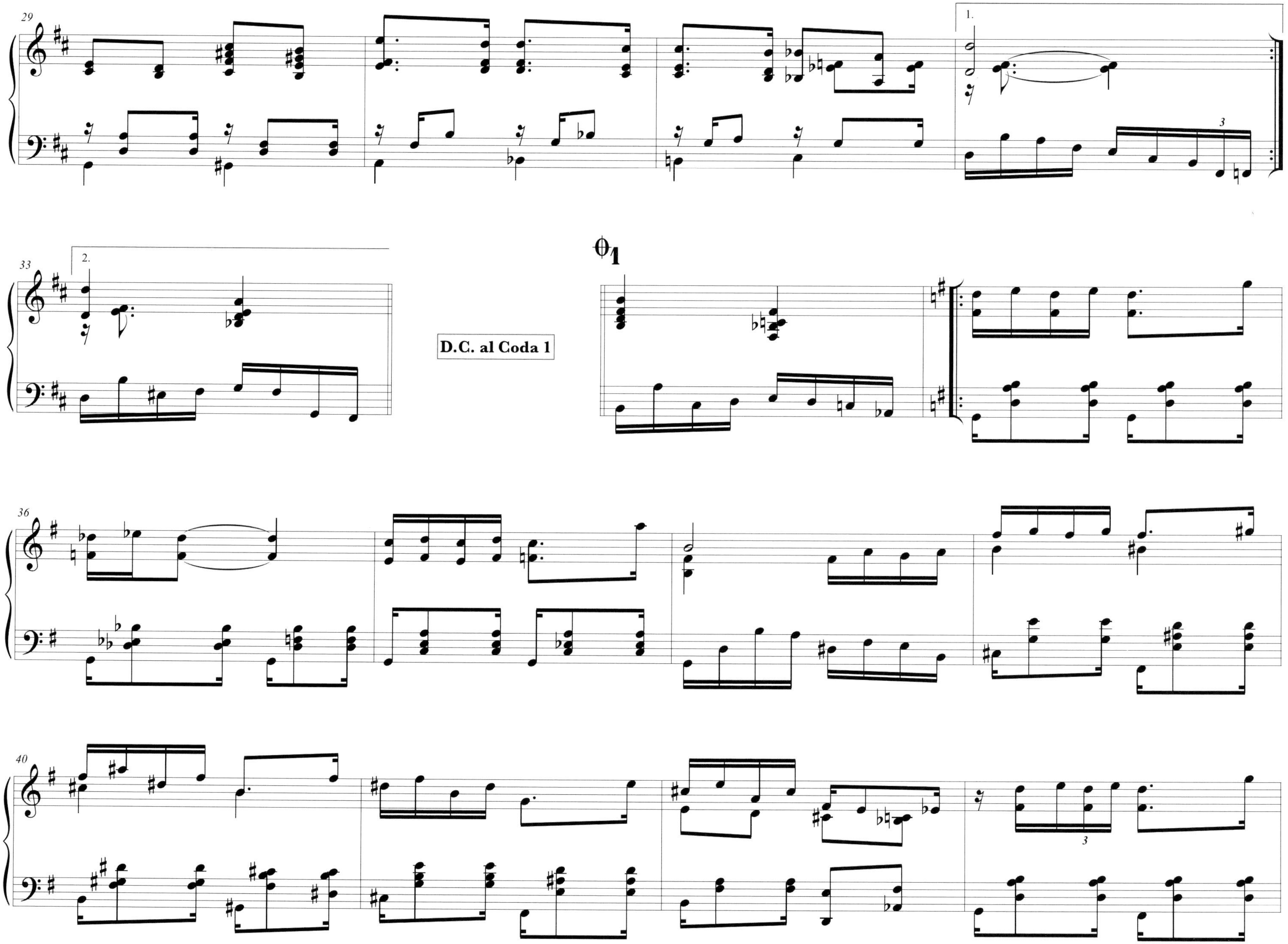

29
1.
2.
33
D.C. al Coda 1
36
40

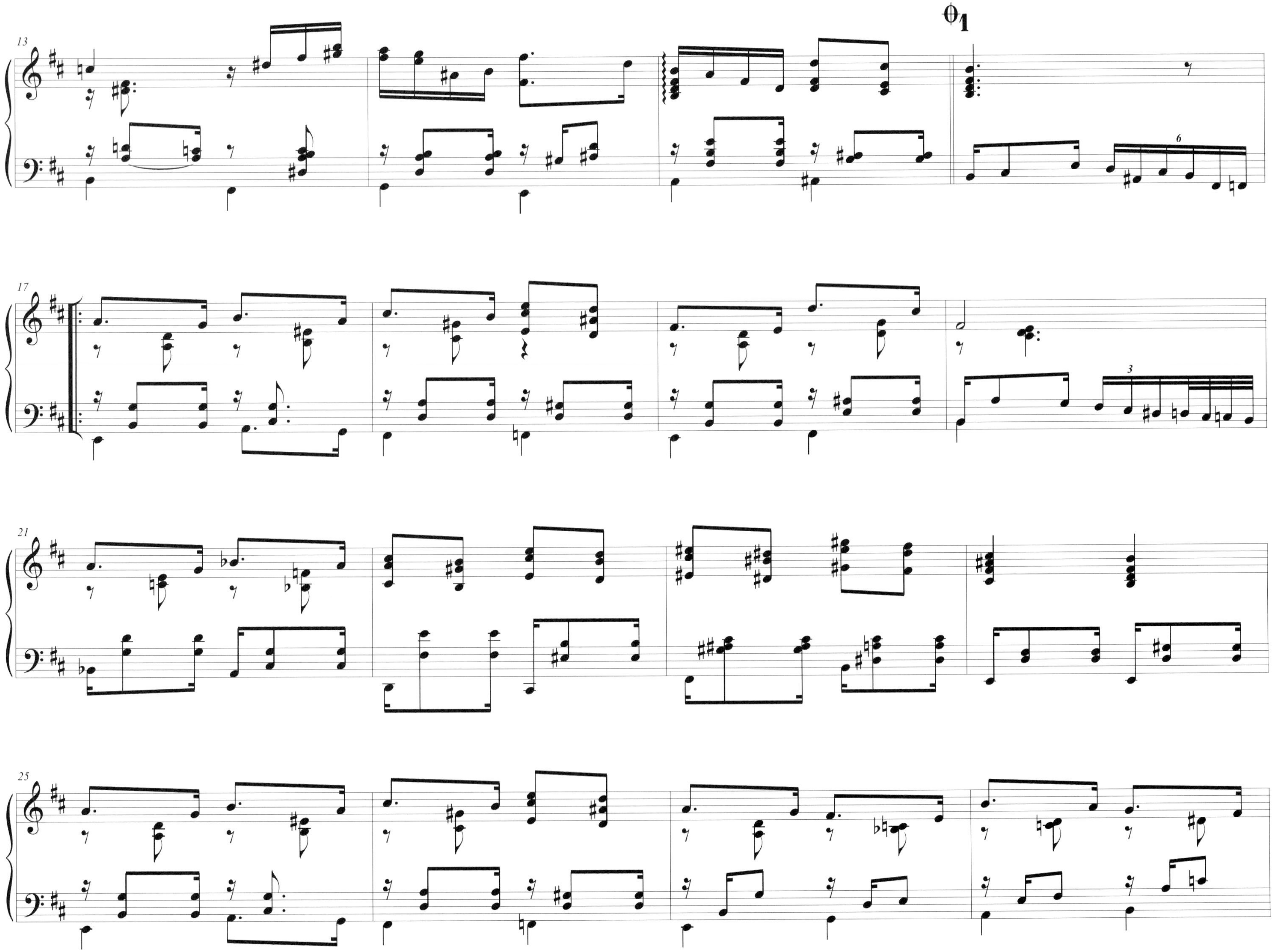

13
17
21
25

marechal hermes (varandas)

TANGO MEDITATIVO DE CRISTOVÃO BASTOS

Rubato ♪ = 80

MARECHAL HERMES

CRISTOVÃO BASTOS
marechal hermes
(varandas)
TANGO MEDITATIVO

rio de janeiro
álbum pitoresco-musical 2014

*composições de cristovão bastos, delia fischer, francis hime,
gilson peranzzetta, itamar assiere, maíra freitas
e maria teresa madeira*

desenhos de guilherme seccbin

BIBLIOGRAFIA

ALEXANDRE EULALIO. *A aventura brasileira de Blaise Cendrars*. São Paulo: Quíron, 1978.

ALMEIDA, Renato. *História da música brasileira*. Rio de Janeiro / RJ: F. Briguiet & Comp., 1942.

ANDRADE, Mário de. *Dicionário musical brasileiro*. Belo Horizonte: Itatiaia, 1989.

APPLEBY, David P. *The music of Brazil*. Austin / Texas: University of Texas Press, 1983.

BIBLIOTECA NACIONAL. *Música no Rio de Janeiro Imperial (1822-1870)*. Rio de Janeiro: Gráfica Olímpica Editora, 1962.

———. *Rio Musical – Crônica de uma cidade*. Rio de Janeiro: Gráfica Olímpica Editora, 1965.

CARDOSO, Lino de Almeida. *Subsídios para a gênese da imprensa musical brasileira e para a história do Hino da Independência, de Dom Pedro I*. Artigo para a revista Per Musi. Belo Horizonte: UFMG, 2012.

CASTAGNA, Paulo. *A música urbana de salão no século XIX*. Apostila do curso História da Música Brasileira. São Paulo: Instituto de Artes da UNESP, s/d.

CERNICHIARO, Vincenzo. *Storia della musica nel Brasile dai tempi coloniali sino ai nostri giorni (1549-1925)*. Milano: Fratelli Riccioni, 1926.

CUNHA, Lygia da Fonseca Fernandes da. *Joseph Alfred Martinet, um litógrafo francês no Rio de Janeiro*. Rio de Janeiro: Biblioteca Nacional, s/d.

DINIZ, Edinha. *Chiquinha Gonzaga: uma história de vida*. Rio de Janeiro: Rosa dos Tempos, 1991.

FAZENDA, José Vieira. *Antiqualhas e memórias do Rio de Janeiro*. Rio de Janeiro: Imprensa Nacional, 1940.

GESUALDO, Vicente. *La música en la Argentina*. Buenos Aires: Ed. Stella, 1988.

GIFFONI, Maria Amália Corrêa. *Danças da corte: danças dos salões brasileiros de ontem e de hoje*. São Paulo: Departamento de Educação Física e Desportos do MEC, 1974.

MACHADO, Raphael Coelho. *Dicionário musical*. Rio de Janeiro / RJ: Garnier, 1909.

PEQUENO, Mercedes Reis. *A impressão musical no Brasil* (Enciclopédia da Música Brasileira). São Paulo: Art Editora e Publifolha, 1998.

RIBEYROLLES, Charles. *Brazil pitoresco*. Rio de Janeiro: Typographia Nacional, 1859.

SCHLOCHAUER, Regina Beatriz Quariguasy. *A presença do piano na vida carioca no século passado*. Dissertação de mestrado. São Paulo: USP, 1992.

SEVERIANO, Jairo. *Uma história da música popular brasileira: das origens à modernidade*. São Paulo: Editora 34, 2008.

SILVA, Janaina Girotto da. *O florão mais belo do Brasil: O Imperial Conservatório de Música do Rio de Janeiro (1841-1865)*. Dissertação de mestrado. Rio de Janeiro: UFRJ, 2007.

SILVA JR., Jonas Alves da. *Doces modinhas pra iaiá, buliçosos lundus pra ioiô: poesia romântica e música popular no Brasil do Século XIX*. Dissertação de mestrado. São Paulo: USP, 2005.

SOUZA, Carlos Eduardo de Azevedo e. *Dimensões da vida musical no Rio de Janeiro: de José Maurício a Gottschalk e além, 1808-1889*. Tese de doutorado. Rio de Janeiro: UFF, 2003.

TINHORÃO, José Ramos. *Música popular no romance brasileiro – Vol. I – Séculos XVIII e XIX*. São Paulo: Editora 34, 2000.

———. *Pequena história da música popular*. São Paulo: Círculo do Livro, s/d.

TYPOGRAPHIA NACIONAL. *Colecção das decisões do governo do Império do Brasil. 1861. Tomo XXIV*. Rio de Janeiro: 1861.

VASCONCELOS, Ary. *Panorama da Música Popular Brasileira (2 vol.)*. São Paulo: Livraria Martins, 1964.

http://ernestonazareth150anos.com.br

http://chiquinhagonzaga.com

Hemeroteca Digital Brasileira http://memoria.bn.br/hdb/periodico.aspx

Teatros do Centro Histórico do Rio de Janeiro http://www.ctac.gov.br/centrohistorico

Na minha formação, tive referências musicais bem interessantes, como a de Radamés Gnattali, apesar do pouco contato que tive com ele. Sobre Chiquinho do Acordeom posso dizer que me ajudou a definir uma nova perspectiva no que se refere à sonoridade do acordeom. Não posso esquecer também de Ernesto Nazareth, com suas composições maravilhosas, e de Fats Elpidio, que gravava muito na Odeon. Mas o pianista que realmente me despertou foi Luizinho Eça. Ele tinha uma bagagem incrível. Tenho uma música dedicada a ele ("Luiz, Eça é pra você") e sei que foi uma pessoa que mudou a cabeça de todos os pianistas da minha geração. Cada um desses mestres contribuiu ao seu modo para compor a bagagem que trago comigo.

Ao fazer a música em homenagem ao meu bairro de nascimento, pedi que grafassem o título como eu aprendi na infância, à moda antiga. "Braz de Pina", com "z". Pensei muito no bairro, lembrei da minha rua. Do quarto onde ficava o piano. Da minha mãezinha, uma pessoa tão especial. Da casa, do clube, dos amigos. Tenho um mapa do bairro em casa. Com ele na mão, criei o choro lento, que lanço nesse álbum.

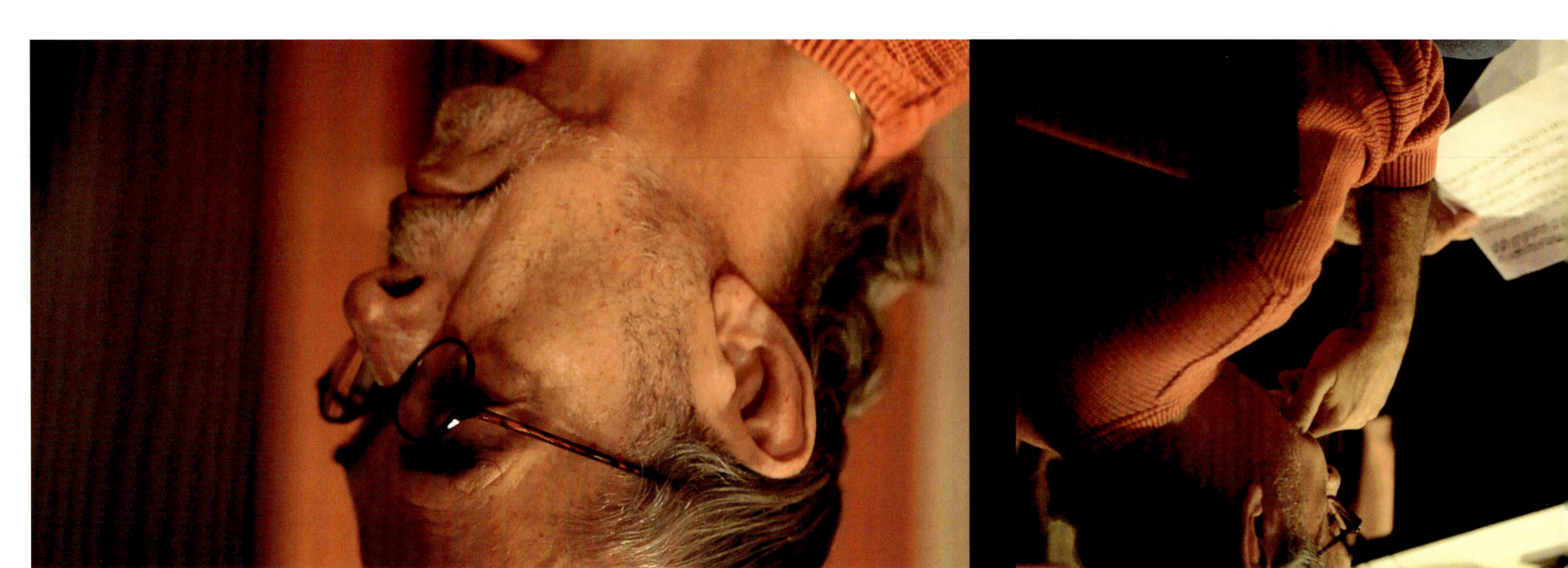

Conforme previsto no projeto, além de apresentar uma composição inédita, também interpretei uma música do século XIX. Fui sorteado para gravar uma quadrilha, "Petrópolis". Como tenho casa na região de Corrêias, fiquei feliz com a coincidência. Ainda não tinha nada de negritude na composição. Mas ela é muito linda. Enquanto estudava a quadrilha, visualizei várias vezes um salão cheio. As mulheres com aqueles vestidos cheios de laçarotes. Os rapazes todos muito bem vestidos, com mesura e cheios de gentileza. Foi uma bonita viagem para um Rio que não existe mais. E que renasce nesse *Álbum Pitoresco*.

gilson peranzzetta
braz de pina

nasci em Braz de Pina e vivi no bairro até os 25 anos. Lá em casa, todo sábado era dia de sarau: minha mãe tocava bandolim, meu avô, violão. Enquanto isso, minha avó cantava. Acredito que, por força dessa circunstância, fui encaminhado para a música de forma natural. As lições começaram em casa: aprendi um pouquinho de bandolim com minha mãe. E me animei, a ponto de começar logo em seguida a ter aulas de acordeom.

Morei numa rua linda. Essa imagem ficou muito presente na minha memória, não consigo evitar. E nem quero perder essa raiz. Acho que na vida, presente e futuro dependem muito do que foi vivido no passado. Não há como negar as raízes. Fui feito músico. A música virou minha religião. O palco virou a minha igreja e o piano é o altar onde humildemente faço minhas orações.

Fui aluno de colégio público. Inicialmente da Escola São Paulo e, mais adiante, do Ginásio São Fabiano. Combinava estudo com música e para esta última sempre fui orientado por professoras, nunca tive professores. Dona Odette Costa, na Circular da Penha, foi a primeira delas e me apresentou ao acordeom. Na sequência, fui aprender piano com dona Azeneth de Oliveira, que dá aulas até hoje. É uma mestra impressionante. Até então, tudo se passou em Braz de Pina, bairro que já não frequento tanto e que, às vezes, me entristece por ter decaído, no mesmo ritmo que o subúrbio do Rio como um todo.

Passei ainda pelas aulas de Wilma Graça e estudei com Ondine de Mello. Ela gostava de dizer: "Procure ouvir de tudo. Depois, esqueça de tudo, que é para você poder ter sua identidade, senão você não é ninguém." Esse foi um dos grandes conselhos que recebi.

Na Espanha, onde vivi por três anos, estudei com a Petri Palau de Claramount, que era uma grande figura. Certo dia, eu estava tocando sozinho e notei que tinha alguém atrás de mim. Era ela. Perguntei se estava gostando. E recebi a seguinte resposta: "Pouco me importa se você toca rápido, lento, forte, fraco… eu quero é poder ouvir o piano ao longe e identificar quem está tocando, se é o Juan, o Manoel ou o Gilson. Enquanto você não tiver identidade, não é ninguém." Tive uma crise de choro, peguei meus livros, fui embora, sumi duas semanas de lá. Quando voltei, ela disse: "Sabia que você viria. Está mordido pela música." E, de fato, a música virou meu alvo de devoção, minha religião.

Para enveredar pelo território do funk contei com um consultor especial, meu filho Antonio. Ele se diz entendido e garante que sabe dançar o quadradinho de oito. A meu pedido, Antonio fez uma pesquisa, a gente ouviu um monte de coisas juntos. Na verdade, esse funk atual é o maculelê. Superbrasileiro, nada a ver com James Brown. Com ele, percebi que, ritmicamente, era possível encontrar um lugar diferente para mim. Isso foi muito instigante.

No piano, a gente faz soar samba, baião, choro... mas batidão é outra história. "Tchum-tchá-tchá-tchum-tchum-tchá" eu nunca tinha feito. Busquei a inspiração na grande mistura que é Copacabana e transitei em um lugar novo para mim. Na melodia, busquei caracterizar o canto "falado" dos funkeiros – porque eles cantam muito a mesma nota, é muita nota repetida, muita qualtera de três. Às vezes até uma qualtera mais doida, porque o que importa é o texto.

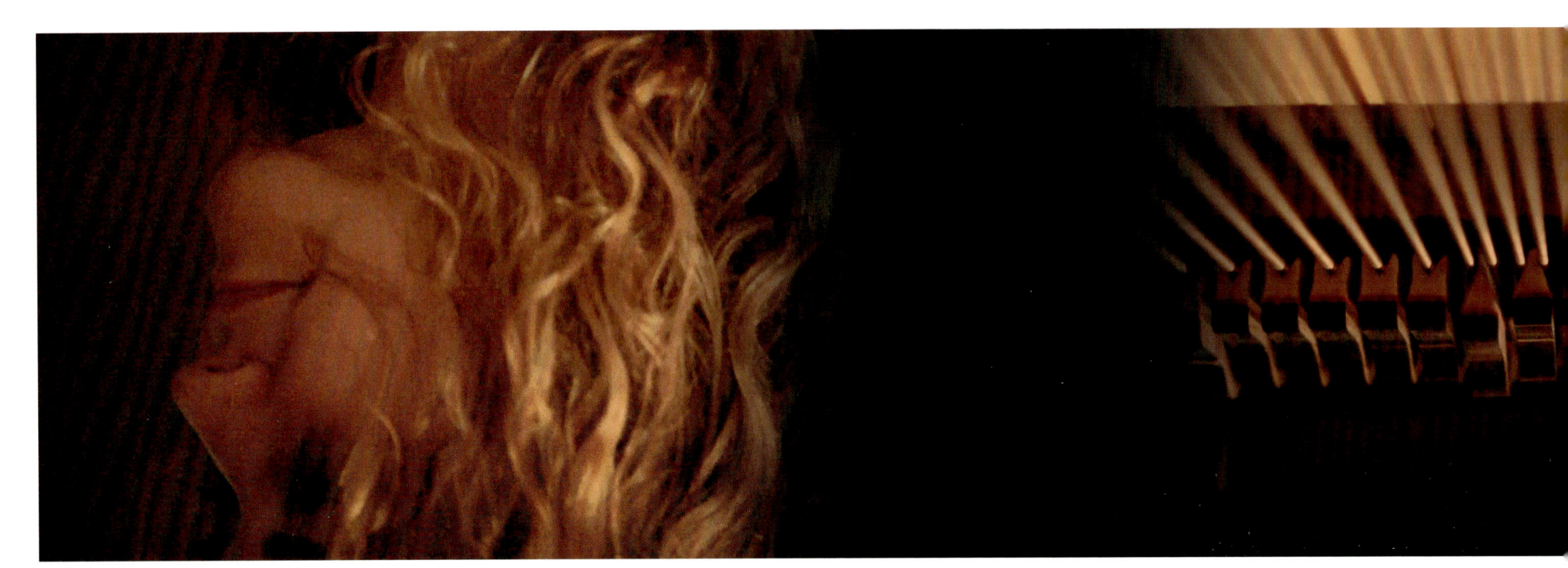

De modo geral, gosto de tudo o que é novo, sou a favor da inovação, mas não abro mão da escola, do estudo, da constância no ler e no escrever. Por isso, acho da maior importância esse projeto que fala de memória, de contemporaneidade, de música em disco e em papel. É relevante não apenas pelo resgate que proporciona, mas também por possibilitar entrarmos em contato com obras e com compositores sobre os quais os pouco ou nada ouvimos falar. É uma história que se descobre e se amplia.

delia fischer
copacabana

Álbum pitoresco musical 2014

a conhecer o projeto do *Álbum Pitoresco* e a ideia de atualizar essa referência, pensei em criar alguma coisa que representasse o funk e o Rio de hoje – e admito que arrumei um pepino quando decidi escrever um funk carioca para piano solo. Por razões óbvias, tinha pensado em compor algo sobre Laranjeiras, bairro do Rio onde nasci e morei boa parte da vida. Mas, por outro lado, havia Copacabana, meu endereço dos oito aos dez anos. Ali, ouvi Beatles, toquei violão e fui à praia para pegar tatuí. Tenho paixão pelo bairro, onde aprendi a nadar, naquela praia sem ondas que é uma imensa piscina. Copacabana me atrai por ser uma mistura única de gente e de classes sociais. Uma verdadeira inspiração. Minha primeira professora de piano foi dona Salomea Gandelman. Foi uma tentativa frustrada.

Minhas origens, na verdade, estão um pouco mais distantes, na Tijuca – um bairro bem mais tradicional, homenageado na polca-mazurca que fui sorteada para gravar no disco. Meu lado materno da família é todo tijucano. Adorei a coincidência da minha história pessoal com esse trabalho; afinal, tive tias que moravam em casas cheias de casas, com árvores e tranquilidade. E de meus primos tijucanos ouvindo Beatles e Tim Maia. Hoje em dia quase não vou à Tijuca, mas o bairro deixou uma marca importante em mim.

Não deu certo, não gostei daquela história e parei. Só fui voltar para o piano na adolescência, lá pelos 13 anos, quando meu endereço era novamente em Laranjeiras. Foi quando reencontrei dona Salomea e segui para valer. Depois estudei também com Miguel Proença, Luiz Eça e Sonia Goulart.

Minha abordagem para gravar "Tijuca" foi tocá-la como uma peça de Mozart: delicada, límpida, clara. Não consigo identificar o Brasil nela. É curioso pensar em como o piano brasileiro caminhou dali, de uma polca-mazurca tão ingênua e europeia, até chegar, um século depois, na obra de mestres como Hermeto Paschoal e Egberto Gismonti. Minha grande paixão musical é o Egberto, que, na minha opinião, representa o piano brasileiro de fato. com toda a polifonia presente nas músicas que ele cria. O "Baião Malandro", por exemplo, é um piano solo, complicadíssimo, quase um Chopin de tão complexo, com a rítmica inserida na partitura. Cresci ouvindo Hermeto e Egberto.

lugar, no quintal, no terreiro. Mas, com certeza, ainda não tinha adentrado o salão. A música fala de um Rio de Janeiro muito diferente do atual. Uma cidade onde as pessoas viviam de uma forma bem diferente – sem rádio, telefone, internet, WhatsApp, sem esse bombardeio de informação que a gente enfrenta hoje em dia.

Tenho a impressão que as pessoas tinham mais tempo para ir àqueles saraus, para tocar, ouvir música e cantar. E que deviam ser muito mais comportadas. As meninas eram mais *ladies*, controladas. E isso para mim é difícil de entender, de reproduzir, porque sou muito ansiosa, muito século xxi. Entrar nesse clima de delicadeza e de suavidade foi um grande exercício – me imaginar de saia, chapeuzinho, guarda-sol, luva, com um rapazinho por perto tentando conversar com o meu pai para pedir a minha mão. Foi muito divertido. É a mesma cidade, mas com músicas e inspirações muito diferentes.

maíra freitas
centro

ente de todo tipo, movimento, comércio, ônibus, pressa, agitação, cor, poluição, trânsito, barulho, buzina, sirene. O executivo que desce para almoçar, o cara na esquina vendendo alguma coisa, a dona de casa pesquisando preço, o chefe de obra comprando parafusos. Tudo isso me vem à cabeça quando penso no Centro do Rio, bairro que escolhi para homenagear no *Álbum*. Desde menina sou fascinada por aquelas ruas, observo muito o ir e vir das pessoas, aquela zoeira. Quis fazer uma música que retratasse todos esses contrastes, e fiz uma estrutura pensando nas fases do dia, esse frenesi. Usei muita nota, muita polifonia da tarde, a hora do rush, a boemia noturna em si, o intervalo para o almoço, a preguiça a chegada ao trabalho de manhã, o trabalho e, finalmente, a paz da madrugada, quando o Centro fica vazio.

Cresci em Laranjeiras, que até hoje é o bairro da minha mãe, de perfil classe média, bucólico, bem musical. Hoje estou na Glória – que é outra história. Ali, o tom é outro, mais da noite. Moro perto da Lapa, do ponto dos travestis, num lugar que, por incrível que pareça, também é meio residencial, com direito à feira livre e tudo. Coisas do Rio.

Foi no Centro que comecei a estudar piano. Mas só engrenei mesmo quando conheci a Maria Teresa Madeira. Ela me ensinou tudo: a ler e a escrever música, a tocar, a ter postura diante do piano. Com ela, descobri como deve ser a música. A gente se encontrou numa época em que eu era adolescente e ela me aconselhava muito, como se fosse minha mãe. Maria Teresa me ensinou a botar dentro do piano as coisas que eu sentia fora dele. E mais: me incentivou a usar a imaginação. Um recurso que coloquei cem por cento em prática ao compor "Centro", uma criação meio descritiva, onde brinco de imaginar uma pessoa andando e reproduzo isso no piano, transformando tudo em som, em música.

Não posso deixar de mencionar que Cristóvão Bastos também foi meu professor de piano. Trabalhei com ele essa outra vertente fundamental para mim que é a música popular. Ele tem a minha admiração e é um músico que ouço muito. Mais do que ficar atenta aos seus trabalhos, eu estudo o Cristóvão constantemente. Também tive aulas com Itamar Assiere. São mestres e amigos que reencontro aqui para – cada um do seu jeito bem particular – mostrar para mim várias visões musicais do Rio.

Achei interessante pegar uma música carioca de 1856 para estudar e gravar – fui sorteada com um *schottisch* que homenageia o bairro de São Cristóvão. Percebi uma grande influência europeia nele. Ali, é como se o sangue brasileiro ainda não tivesse chegado à partitura – devia estar em outro

A minha paixão pelo choro tem muito a ver com a paixão que tenho por Ernesto Nazareth. É um sentimento antigo. Uma das primeiras vezes em que ouvi uma composição dele foi quando uma amiga me mostrou o tango "Digo" executado ao piano. Também lembro de me encantar por uma gravação de "Brejeiro" feita pelo conjunto A Cor do Som [Ao vivo em Montreux, 1978]. Nazareth é versátil, moderno, criativo. De alguma forma ele tem uma contemporaneidade intrínseca como a de Villa-Lobos, que comecei a ouvir um pouco mais tarde, enquanto também me aprofundava nas obras de compositores atuais como Edino Krieger, Ronaldo Miranda e João Guilherme Ripper.

Quando soube que iria interpretar "Boa Viagem" no Álbum, fui pesquisar esse ritmo, redowa, que eu não conhecia – e rapidamente me identifiquei com ele. Tem aquele sabor de música de salão, de sarau dançante. "Boa Viagem" não é nada distante do tipo de repertório que gosto e costumo gravar. Nem "Jardim Botânico", a valsa que também gravei para o projeto. Nas duas músicas, foi interessante criar nuances dentro das muitas repetições indicadas pelo autor. Então, ao repetir as partes, não fiz isso de forma idêntica, mas sempre com alguma coisinha diferente, nem que fosse um detalhe de interpretação. Praticar isso é maravilhoso porque aguça a imaginação, dá a oportunidade de ir sempre além. Foi um exercício incrível de criação sem composição, de criação dentro da interpretação.

Claro que um bom ouvido é sempre bem-vindo, mas a partitura tem uma importância histórica fundamental, porque abre a possibilidade de retorno à origem de uma determinada peça com um pouco mais de fidelidade. Ela é a base a partir da qual cada um pode alçar seu próprio voo. Esse álbum, no fundo, é o registro de um encontro de tempos e de pianistas, e o Rio de Janeiro é um pretexto de luxo para toda esta jornada.

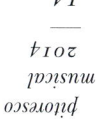

maria teresa madeira

lapa

álbum pitoresco musical 2014

nasci na Lapa, mas fui criada em Nova Iguaçu, onde minha mãe tinha uma escola de música e dança. Comecei a estudar música muito jovem, com dona Odette Gomes de Souza, que era uma figurona e achava tudo lindo. Quando cheguei à adolescência, até pensei em seguir uma outra carreira, mas acabei optando pela música – a verve era muito forte.

Entrei na faculdade com 17 anos e ali tudo mudou de figura. Até então, eu não tinha contato com o meio musical profissional. Na Escola de Música da UFRJ, situada na Lapa, conheci diversos músicos, pude tocar música de câmara e descobrir um universo inteiramente novo. Tive ótimos professores, como Ana Carolina Pereira da Silva, Heitor Alimonda e Miguel Proença. Essa foi a base da minha formação. Principalmente quanto Alimonda tocavam música brasileira da melhor qualidade, estrearam obras importantes – para mim foi fundamental compartilhar um pouco do gosto e da trajetória musical deles.

Por ter nascido na Lapa, e também por causa da Escola de Música, escolhi o bairro como tema para a minha composição do *Álbum*. Fiz um mergulho geográfico-musical e resgatei um motivo, criado por mim há alguns anos, que nunca saiu da minha cabeça. Lembra um choro. Retrabalhei essa ideia, aumentei um pouco e desenvolvi uma terceira parte em tempo de valsa para contrastar com esse tema principal, porque a Lapa é um bairro de contrastes também. Passeando por ali à noite, a gente ouve choro, samba, rock, funk, forró, salsa, jazz... música para todos os gostos. Tentei conjugar, na minha composição, ideias e climas opostos que tivessem a ver com o espírito festeiro e romântico do bairro. Apesar de ter um trecho em três por quatro, chamei de "choro".

Até então eu nem pensava em ser músico. Queria ser engenheiro, achava que era importante ter diploma, uma carreira mais estável e tranquila. Mas, aos poucos, fui me ligando mais e mais à música. Sobretudo, quando fui estudar na Suíça, por quatro anos, e tive contato com aquelas orquestras maravilhosas. Morei em Lausanne, cursando o que era equivalente ao científico da época. Assisti a concertos fantásticos em Genebra, Montreux, Zurique e Berna. Vi Stravinsky reger. Aos 18 anos, vi a orquestra de Berlim. Lembro de pegar um trem e ir para Zurique assistir Herbert von Karajan reger a nona de Beethoven. Aí, neste momento, começou a minha paixão pela música. E, ao fazer as pazes com a música clássica, erudita, me reconciliei com o piano. O instrumento já não era mais uma imposição, uma obrigação. Eu tinha prazer de tocar, eventualmente até de compor. Dedilhava uns temas no piano. Fiz "Sem mais adeus",

em 1963, com o Vinicius. Era minha primeira música, o início da parceria com ele. E o piano passou a ser fundamental na minha vida.

Quando deixei a Suíça, em 1959, e voltei ao Brasil, ainda estava convicto de não seguir a carreira de músico. Vinicius costumava dizer: "Você não tem que ser engenheiro. Tem que ser compositor, músico." Ele sempre me incentivou a seguir na música. E aos poucos a coisa evoluiu. Fui para os Estados Unidos e lá estudei bastante: orquestração, composição, música para filme. Tive aulas com Lalo Schifrin, David Raskin, Paul Glass, Hugo Friedhofer. Tudo porque, quando finalmente consegui ter o diploma de engenheiro nas mãos, decidi trilhar o caminho da arte. Deixei a engenharia para lá e disse para mim mesmo: "Chega, agora vou ser músico."

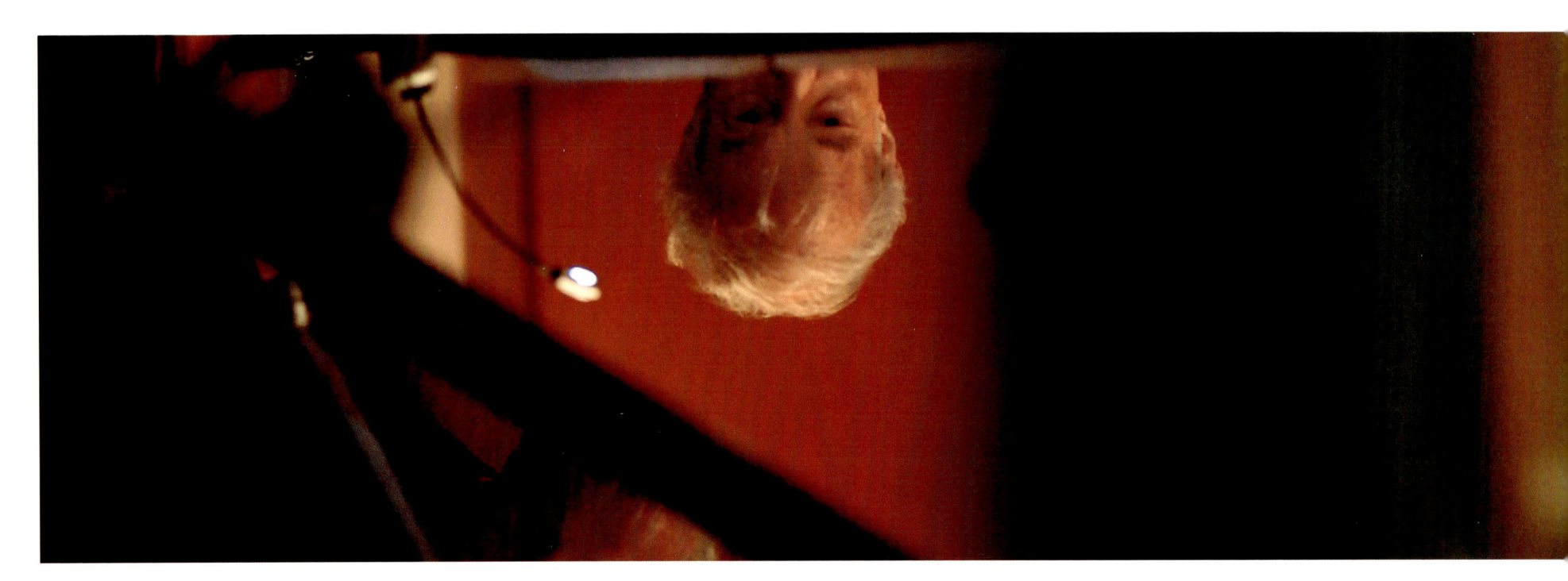

Esse projeto é uma maneira de declarar mais uma vez meu amor pela música e pelo Rio, que já me inspirou uma sinfonia, a "Sinfonia do Rio de Janeiro de São Sebastião", lançada em 2000. Ali, me debrucei sobre os principais gêneros musicais cariocas – lundu, modinha, choro, samba, canção. Um trabalho muito intenso de pesquisa. É muito bom voltar a esse universo com essa modinha, "Gávea", escrita especialmente para piano, para o Rio, para celebrar a música feita na e para a nossa cidade.

francis hime
gávea

álbum pitoresco musical 2014

Eu antigo desejo de fazer uma música para a Gávea agora está concretizado. É um bairro que me traz ótimas recordações. Sempre morei ali por perto, entre o Jardim Botânico e a Lagoa – onde nasci, na rua Baronesa de Poconé, 100. Vejo a Gávea como um lugar tranquilo, aprazível, mesmo tendo se tornado, nos últimos anos, quase que um caminho de passagem, um eixo de ligação com a Barra da Tijuca.

Apesar disso o charme do bairro permanece intacto. Vinicius de Moraes morou por ali, na rua Frederico Eyer – onde, aliás, morreu. Estive algumas vezes nessa casa dele. Lembro também da cobertura dele na rua Diamantina, no Jardim Botânico, onde fizemos várias músicas: "Teresa sabe sambar" e "Anoitecer", por exemplo. O Chico Buarque, meu parceiro, também morou muitos anos na Gávea. As lembranças são sempre as melhores e é interessante reviver tudo isso numa nova composição, uma modinha bem seresteira chamada "Gávea", que casa perfeitamente com o espírito desse projeto.

Foi num bairro próximo dali, em Botafogo, que comecei a estudar música. Minha primeira professora de piano foi Carmen Manhães, que dava aulas em uma casa de vila na rua Voluntários da Pátria. Comecei com seis anos porque meus pais achavam que eu levava jeito para o instrumento. Embora protestando, fui obrigado a estudar piano. Cresci em meio às aulas. Fiz Conservatório Brasileiro de Música, na rua Graça Aranha, 52, mas não gostava muito daquilo. Minha diversão era ficar tocando música popular de ouvido – foi isso que me conservou junto ao piano, senão, muito provavelmente, teria abandonado o instrumento e, por tabela, o estudo de música.

piano, ainda menino. Maria da Penha Bacellar onde vivi até 2004. Foi lá que comecei a estudar meu pai comprou uma casa na Vila da Penha, tem por lá, e quando completei um ano e meio Alegre, num conjunto habitacional gigantesco que cara de subúrbio. Minha família morava em Vista Nasci bem longe dali, em Bonsucesso. Sou um a Glória passa pelo prédio da Manchete. erguer é emocionante. Minha relação afetiva com Saber que esse homem ajudou minha família a se da Ucrânia e construiu um império no Brasil. Oscar Niemeyer, um sujeito idealista, que veio esquerda, amigo de Juscelino Kubitschek e do dele e de seu Adolpho – um empresário de Quando passo por ali, lembro com carinho recíproca era verdadeira. tinha uma lealdade incrível ao seu Adolpho e a um período muito bom para minha família. Ele equipamentos e câmeras para a TV Manchete. Foi fez parte de todo o processo da compra de ia lá em casa dar aulas para mim e para minha saudosa irmã Inês. Tive aulas com ela de 1976 até 1979. Depois, entrei para o conservatório Elly Gerbassy, na Penha Circular. Em 1983, passei para a Escola de Música da Universidade Federal do Rio de Janeiro (UFRJ), e, mais adiante, frequentei o Centro Ian Guest de Aperfeiçoamento Musical (CIGAM), ambos no centro da cidade.

Esse caminho só fez confirmar minha ligação com a música, que veio da infância. Um dos meus passatempos prediletos era assistir a um programa de música clássica transmitido pela TV Globo. Eu ficava ligadíssimo quando a pianista Eudóxia de Barros aparecia tocando "Odeon", do Ernesto Nazareth. Aos cinco ou seis anos de idade aquilo já me atraía com uma força incrível. Posso dizer, assim, que Nazareth foi uma primeira referência, muito forte.

À medida em que fui me identificando com o piano popular, comecei a me ligar sobretudo nos pianistas que eram acompanhadores, arranjadores. Neste grupo, César Camargo Mariano foi e continua sendo uma forte influência.

O primeiro grande pianista com quem tive um contato mais próximo foi Gilson Peranzzetta, que era meu vizinho na Vila da Penha. Ele morava a dois quarteirões da minha casa desde 1978, mas só fui descobrir isso em 1987. Ficamos muito amigos, ele é uma das pessoas que mais me incentivaram a seguir na música. Anos depois, conheci Jota Moraes, Eduardo Souto Neto, João Rebouças e Cristovão Bastos – a quem devo muito também. Na sequência, tive contato com Wagner Tiso. Foi dele o primeiro show a que assisti, em 1985, naquela onda do movimento das "Diretas Já" e da música "Coração de estudante". Foi um momento marcante e inspirador que jogou luz sobre o caminho que eu queria seguir. Saí do show do Wagner decidido: "Quero tocar desse jeito!"

E o piano foi generoso comigo. Eu considero o instrumento mais versátil de todos. Toda a extensão de uma orquestra está contida nele. É uma pena que, mesmo com tantos pianistas excelentes no Brasil, com profissionais que são grandes compositores e arranjadores, a gente não perceba um esforço para a edição da obra desses músicos. Cadê a documentação da trajetória do piano solo no Brasil? É quase impossível, por exemplo, encontrar hoje em dia partituras editadas da obra de Radamés Gnattali, um gênio da música nacional que escreveu muito e tão bem para piano. Por quê?

Esse álbum é também importante por essa razão – por reconhecer a importância da música editada, da partitura, como meio de trazer para as pessoas composições que podem ser históricas, como as de 1856, ou contemporâneas, feitas em 2014.

album pitoresco musical 2014

11

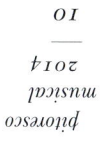

itamar assiere
flamengo

álbum pitoresco musical 2014

Moro no Flamengo há dez anos e escolhi homenagear o bairro não só pela admiração que cultivo por ele, mas por sua singularidade. O Flamengo é como uma cidade resumida em suas diferentes geografias. Explico: ele tem sua própria "zona sul", sua praia, a avenida Rui Barbosa, aquele visual espetacular, o Pão de Açúcar. Mas também tem seu centro, seu subúrbio, sua favela. Para mim, o Flamengo é uma espécie de síntese do Rio.

Esse projeto me deu a oportunidade de exercitar meu lado compositor, que andava um pouco adormecido. Entendo que compor requer exercício constante, como no esporte. A medida do desempenho tem relação direta com o esforço da prática. Por isso, foi muito bom receber essa "encomenda", dar de encontro com uma motivação assim inesperada.

Costumo dizer que uso meus dotes de compositor para alimentar o ofício de arranjador, que atualmente me ocupa a maior parte do tempo. Isso acontece, por exemplo, quando faço o arranjo de uma música composta por outro autor e crio ali um "especial", um *intermezzo* ou um trecho de melodia – isso não deixa de ser um tipo de composição. Para falar do "Flamengo", me inspirei nas caminhadas que faço no Aterro. Ali, costumo recarregar as baterias e pensar na vida. Por ser um cenário de praia, mar, sol e natureza, pensei em compor uma bossa nova, que é um estilo de música que adoro e tem a cara desse Rio mais praieiro.

Do álbum original, gravei uma polca para o bairro da Glória, feita por um compositor chamado Eduardo Ribas. Tem uma certa inocência na música, apesar de ser consistente enquanto composição – vejo um rigor criativo ali. Adorei gravar essa música, foi como me transportar no tempo e assumir o papel desse músico do século XIX, preso a regras musicais muito rígidas.

Naquela altura ainda não havia uma identidade brasileira construída. A elite queria que o Rio de Janeiro fosse uma nova Paris. E esse desejo está refletido na música. É interessante voltar a essa época, ver como tudo mudou dali em diante. E perceber que aquele compositor, mesmo limitado a certas regras ou receitas musicais, conseguiu criar uma peça simples, bonita, que encanta. Gostei muito de incorporar esse personagem, o pianista carioca do século XIX, "Glória". Fiquei feliz por ter sido sorteado com "Glória", porque tenho uma ligação forte com o bairro. Mais especificamente – por incrível que pareça – com o prédio da Manchete, pois meu pai, Itamar Assiere Valente, trabalhava como despachante aduaneiro para o grupo Bloch. Aquele trechinho da Glória me traz lembranças boas. Meu pai

Nesse *Álbum Pitoresco* é possível perceber esse "abrasileiramento" da nossa música popular, num processo que vem do século XIX até hoje – aqui, em especial, da música que tem no piano seu veículo de expressão. Maíra Freitas, por exemplo, fez uma peça muito interessante, híbrida, praticamente descritiva do centro do Rio de Janeiro. Delia Fischer fez um funk carioca. É curioso como, ao contrário das pianistas do Segundo Reinado que resgatamos aqui e que ainda não faziam o que seria conhecido no futuro como música brasileira, tanto ela como Maíra conceberam peças "universais", nas quais é possível reconhecer uma raiz brasileira, um sotaque nordestino, até. A gente precisa valorizar isso, tomar conta da nossa memória. Há pouco tempo morreram João Ubaldo Ribeiro, Ariano Suassuna. Se bobear, o Brasil começa a acabar. Esses dois autores, assim como Guimarães Rosa, Drummond, Villa-Lobos, Tom Jobim, eram pessoas que tinham uma relação muito forte com o país. Vejo uma geração de artistas que, apesar de estarem aí em cena, não têm essa relação. E isso não é um problema visto só no Brasil. É em todo o mundo. A música que você escuta em Nova York, em Tóquio ou em São Paulo é a mesma – e o pop, é o rock, trilha sonora de toda cidade grande. Esse livro/disco é uma peça de resistência, é um tributo a essa essência tão forte da música popular que ainda brota no Brasil.

Com o passar dos anos, descobri pessoas que têm uma personalidade musical muito forte. Por exemplo, Bill Evans. Que músico excepcional, que inventividade! O que dizer de Chick Corea? E Oscar Peterson? É um pianista maravilhoso, parece uma continuação do piano, é de uma sonoridade incrível. Também gosto muito de guitarra jazzística, de Wes Montgomery e Tal Farlow. Acho que seguia mais essa turma do que os próprios pianistas. Mas eu não tentava imitá-los. A minha cabeça sempre foi muito mais de arranjador do que de solista. Sempre escutei a música como um todo, nunca olhando somente para um aspecto dela.

Em termos de música brasileira, penso que ela começa a aparecer mesmo com Joaquim Callado, Chiquinha Gonzaga, Ernesto Nazareth e Pixinguinha – já se ouve o Brasil nesses autores. É quando a música de raiz europeia se mistura com a negra.

para a teoria – depois de já estar tocando, estudei alguns meses com uma pianista que considero fantástica: Sonia Vieira. Também passaram por ela o Gilson Peranzzetta e o Wagner Tiso. Lembro que ela morava na rua Paissandu e dava uma aula interessante de técnica musical, uma técnica russa, focando no fortalecimento e na igualdade de dedos. Tive aulas também com o maestro Alexandre Gnatalli, irmão do Radamés, e cheguei a gravar com ele algumas vezes.

Sempre ouvi música de forma irrestrita e aprendi a encará-la de um jeito muito particular. Houve um tempo em que um músico chamado Caçulinha, que não é aquele dos programas de auditório da Rede Globo, tocava à noite e apresentava um piano lindo demais. Eu admirava o trabalho dele, achava bonito, mas o fato é que eu já trazia, não por rebeldia, uma marca bem pessoal, um gosto por encarar a música à minha maneira.

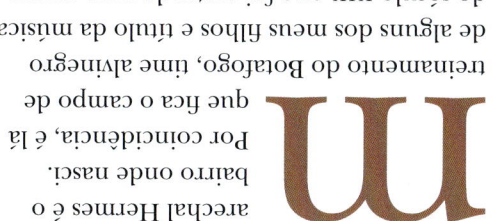

cristovão bastos
marechal hermes

marechal Hermes é o bairro onde nasci. Por coincidência, é lá que fica o campo de treinamento do Botafogo, time alvinegro de alguns dos meus filhos e título da música do século XIX que fui sorteado para gravar no CD. Pode parecer inusitado, mas essa conexão Marechal Hermes-Botafogo é real para mim.

Já havia morado em Botafogo por alguns anos e recentemente voltei para lá. Gosto muito do bairro. Mas é um sentimento diferente do que tenho por Marechal Hermes, de onde trago muita saudade. Não é nostalgia. É saudade concreta. De galinha de quintal, da horta dentro de casa. Fiz esse choro, romântico, para falar da lembrança boa desse tempo, de muita natureza, de leveza e de falta de poluição. A música está impregnada desse sentimento forte que trago da infância – de como a vida era mais simples. "Marechal Hermes," é sobre isso.

Éramos sete irmãos. Sou o mais velho e o único músico. Meu pai, que também se chamava Cristovão, arranhava alguma coisa no violão, mas passou muitos anos sem pegar no instrumento. Quando tentou uma reaproximação, os dedos não responderam à altura, estavam duros. Ele tinha composições, algumas valsas. Mas não exercia esse talento de compositor. Trabalhava no Exército para garantir o sustento da família.

A música me pegou de jeito quando descobri o acordeom num teatrinho da igreja do bairro. Era um instrumento muito comum na época, quase uma febre. Um dia, disse ao meu pai que queria aprender a tocar. Na semana seguinte, estava dentro de uma escola. Tinha sete anos. O curso de acordeom completo era de seis anos. Com 13, eu estava formado. Gurizinho de calça curta, eu posava de professor de acordeom. Era muito engraçado, todos os alunos eram mais velhos do que eu.

O nome do professor de acordeom era Creso Augusto Cavalcanti. Ele formou um conjunto de baile que levava o próprio nome (Creso Augusto e Seu Conjunto) e do qual fiz parte. Ele tocava piano e eu me apresentava no acordeom. Com 17 anos, já estava trabalhando na noite. Um dia, o dono da boate em que eu me apresentava veio me contar que o pianista ia parar de trabalhar e perguntou se eu tocava piano. Respondi que sim. Foi então que troquei o acordeom pelo piano. No início, sofri com a falta de prática e quase sempre, no fim das noites, saía com a mão doendo de tanto tocar. Mas fui melhorando e melhorando.

Topei aquele desafio meio assim no peito e segui prestando muita atenção em vários músicos que trabalhavam perto de mim. Fui da prática

avulsa da música, felizmente completa, que encontramos na Biblioteca Nacional.

Um dos objetivos deste projeto também é trazer à luz o resultado de uma pesquisa cuidadosa sobre o período em que o álbum de 1856 se insere, tão pouco visitado pelos estudiosos de nossa música. Para realizar esse mergulho, tive ao meu lado o pianista e pesquisador Alexandre Dias, que realiza, há anos, um trabalho inestimável a respeito de Ernesto Nazareth. O apoio da violonista, professora e pesquisadora Anna Paes também foi de grande valia. Cabe destacar ainda, como fonte de consulta, a Hemeroteca Digital da Biblioteca Nacional, divisor de águas no campo da pesquisa.

Todo projeto tem seu tempo de maturação — Edgard Poças que o diga. Por total acaso, este *Rio de Janeiro – Álbum Pitoresco-Musical – 1856 e 2014* sai do forno abrindo alas para os 450 anos da cidade do Rio de Janeiro, a serem comemorados em março de 2015.

É de 158 anos o arco do tempo que liga os dois álbuns, o de ontem e o de hoje. Abolição, República, duas ditaduras, duas guerras mundiais, rádio, disco, cinema, televisão, homem na lua, computador, internet – de lá pra cá, tudo aconteceu. O Rio se espalhou, se verticalizou, se multiplicou. Faz tempo, deixou de ser Pianópolis e capital do Brasil. Mesmo assim continua inspirando um sem-número de músicos, pesquisadores, artistas plásticos, produtores, editores, *designers*, cineastas, escritores, dramaturgos, compositores e poetas – alguns deles, com muito orgulho, para seu deleite, reunidos neste álbum.

Rio de Janeiro, setembro de 2014

incompletos. (No futuro, localizaríamos, finalmente, um original no acervo Mozart Araujo, na biblioteca do Centro Cultural Banco do Brasil do Rio de Janeiro. Como também lhe faltam as mesmas páginas de "São Cristóvão", concluímos que a publicação já saiu das prensas dos Sucessores de P. Laforge, em 1856, com aquela falha.)

À exceção das gravações de Clara Sverner para um raro LP de 1978, todas aquelas músicas permaneceriam intocadas nas décadas seguintes. Tempos depois, em 2009, durante minha pesquisa sobre o compositor Wilson Baptista, de quem preparava uma biografia, esbarrei na internet com uma informação simpática: nos anos 1960, um menino-prodígio do violão chamado Edgard havia papeado com dois ídolos seus, Wilson e o cantor João Gilberto, nos bastidores de um programa de TV que Bibi Ferreira apresentava em São Paulo. Era o Poças. Procurei seu contato, entrevistei-o por telefone, ficamos amigos. A essa altura, Edgard acalentava o desejo de reeditar o *Álbum* acompanhado de um CD com as gravações das músicas. Segundo ele, a ideia de me ter como parceiro nessa empreitada surgiu quando perguntei qual era a cor do paletó de Wilson no programa de Bibi. "Tinha que ser alguém com essa cabeça", diria ele no futuro, entre risos. (Era azul marinho, a propósito.)

Começamos a dar tratos à bola em dezembro de 2010, quando, a trabalho em São Paulo, aproveitei para conhecer pessoalmente meu novo amigo. A produtora Carol Miranda, minha mulher, presente em um encontro posterior, logo se apaixonou pelo projeto. Não demorou muito para ela obter os patrocínios da Funarte e da Prefeitura do Rio de Janeiro – àquela altura, a realização do sonho de Edgard – àquela altura, também nosso.

No início de 2014, a editora Edições de Janeiro, na figura vibrante de Ana Cecília Impellizieri Martins, abraçou afetuosamente o projeto, contribuindo de forma decisiva para que ele se realizasse da melhor maneira possível e que fizéssemos as melhores escolhas. O nome de nosso artista plástico surgiu naturalmente em um dos encontros – Guilherme Secchin, pintor e desenhista capixaba, devoto das paisagens cariocas e criador de expressivas séries de desenhos em nanquim sobre papel.

De início, pensamos em convidar sete pianistas cariocas para participar do CD. Cada um deles gravaria uma música do *Álbum*, definida por sorteio. Em algum momento, no entanto, decidimos transcender essa proposta puramente memorialista, adicionando-lhe um viés inédito e contemporâneo.

Como se fôssemos sucessores dos Sucessores de P. Laforge, criamos uma versão 2014 para o *Álbum Pitoresco-Musical*. Seria um espelho, um duplo-simétrico, do álbum original de 1856 – conceito, aliás, que o diretor de arte e *designer* Victor Burton traduziria lindamente em termos de projeto gráfico. Nessa nova configuração, a publicação conteria sete partituras extras, compostas por cada pianista convidado, exclusivamente para o projeto, em tributo a um novo bairro de sua escolha. Cada um deles gravaria, portanto, além de uma música da publicação original, uma segunda, de sua própria autoria. Além disso, convidaríamos um artista plástico para ser o nosso Martinet – alguém cuja técnica pudesse dialogar, de certo modo, com a do litógrafo oitocentista. Assim, tudo deixaria de ser sete, para ser catorze – partituras, gravações e ilustrações. Sete antigas e sete novas. Um novo *Álbum Pitoresco-Musical* desabrochava, desdobrado em *ontem e hoje*.

Animados pela encomenda das composições, nossos pianistas convidados agregaram novos bairros ao *Álbum*. Cristóvão Bastos (também diretor musical do projeto) rememorou sua infância de varandas e quintais em "Marechal Hermes", um tango contemplativo. Sob inspiração afim, Gilson Peranzzetta criou um choro para Braz de Pina, bairro (cada vez menos bucólico) em que foi criado. Delia Fischer escolheu a praieira Copacabana, onde aprendeu a nadar e a ver beleza na diversidade, e homenageou-a com um polifônico funk carioca de entortar os dedos. A rotina caótica do Centro foi a centelha para Maíra Freitas compor um choro arrebatado e climático, também de difícil execução.

Maria Teresa Madeira cresceu em Nova Iguaçu, mas nasceu na Lapa, bairro de histórica tradição musical exaltado por ela, aqui, em um choro com tempero de salsa e terceira parte em três por quatro. Francis Hime optou pela aprazível Gávea, que lhe faz lembrar os parceiros Chico Buarque e Vinicius de Moraes; fez para ela uma modinha melodiosa e seresteira. Itamar Assiere, mais acostumado a escrever arranjos para Gal Costa, Nana Caymmi e outras grandes vozes da MPB, deu vazão a um sincopado tributo ao Flamengo, bairro de seu primeiro apartamento próprio.

Todas essas músicas, mais as do álbum original, foram gravadas entre junho e agosto de 2014, no estúdio da gravadora Biscoito Fino, no Humaitá, em um piano Steinway de cauda – à exceção da valsa "Jardim Botânico", de Salvador Fabregas, que Maria Teresa Madeira gravou em agosto do mesmo ano no estúdio Laranjeiras Records, em um Yamaha de meia-cauda. Uma boa notícia é que pudemos, afinal, conhecer e incluir nas gravações deste álbum a forma integral do *schottisch* "São Cristóvão", graças a uma partitura

rodrigo alzuguir
arco do tempo

no final da década de 1970, ao esquadrinhar as prateleiras da filial paulista da Livraria Kosmos, localizada na fervilhante Galeria Metrópoles, no bairro da República, o produtor musical Edgard Poças se deparou com um exemplar do *Rio de Janeiro – Álbum Pitoresco-Musical* (naquele caso, já sem o disco de dez polegadas com as gravações de Friedrich Egger, mas trazendo o encarte sobre Alfred Martinet). Não podia ser diferente: encontrar um original, de mais de um século, era como descobrir a Arca Perdida. Até ali, Edgard nunca havia ouvido falar no *Álbum;* se encantou com o que viu. As litogravuras dos bairros, as partituras musicais de gêneros perdidos no tempo, os desconhecidos pianistas-compositores que as assinavam, tudo isso aguçou sua curiosidade. Intuindo a importância da obra, comprou-a imediatamente. Nos anos seguintes, um passatempo seu era descobrir informações sobre o *Álbum*, que não eram muitas. A historiografia da música brasileira ignorava todos aqueles nomes, exibindo meia dúzia de linhas a respeito de um ou de outro. Para além da música, apenas Martinet havia sido alvo de estudo – por Lygia da Cunha, autora do folheto biográfico anexado ao *Álbum*.

Alguns anos depois, com especial desenvoltura com programas digitais voltados para a música, Edgard converteu as partituras para o formato midi. E descobriu que as músicas eram singelos e deliciosos túneis do tempo para os saraus dançantes do Segundo Reinado no Rio de Janeiro. Também verificou um mistério. Faltavam as duas primeiras páginas do *schottisch* "São Cristóvão", de Quirino dos Santos. Assim que percebeu o erro, voltou à Kosmos e fez o vendedor descer do estoque os exemplares remanescentes do *Álbum* – todos igualmente

álbum pitoresco musical 2014

5

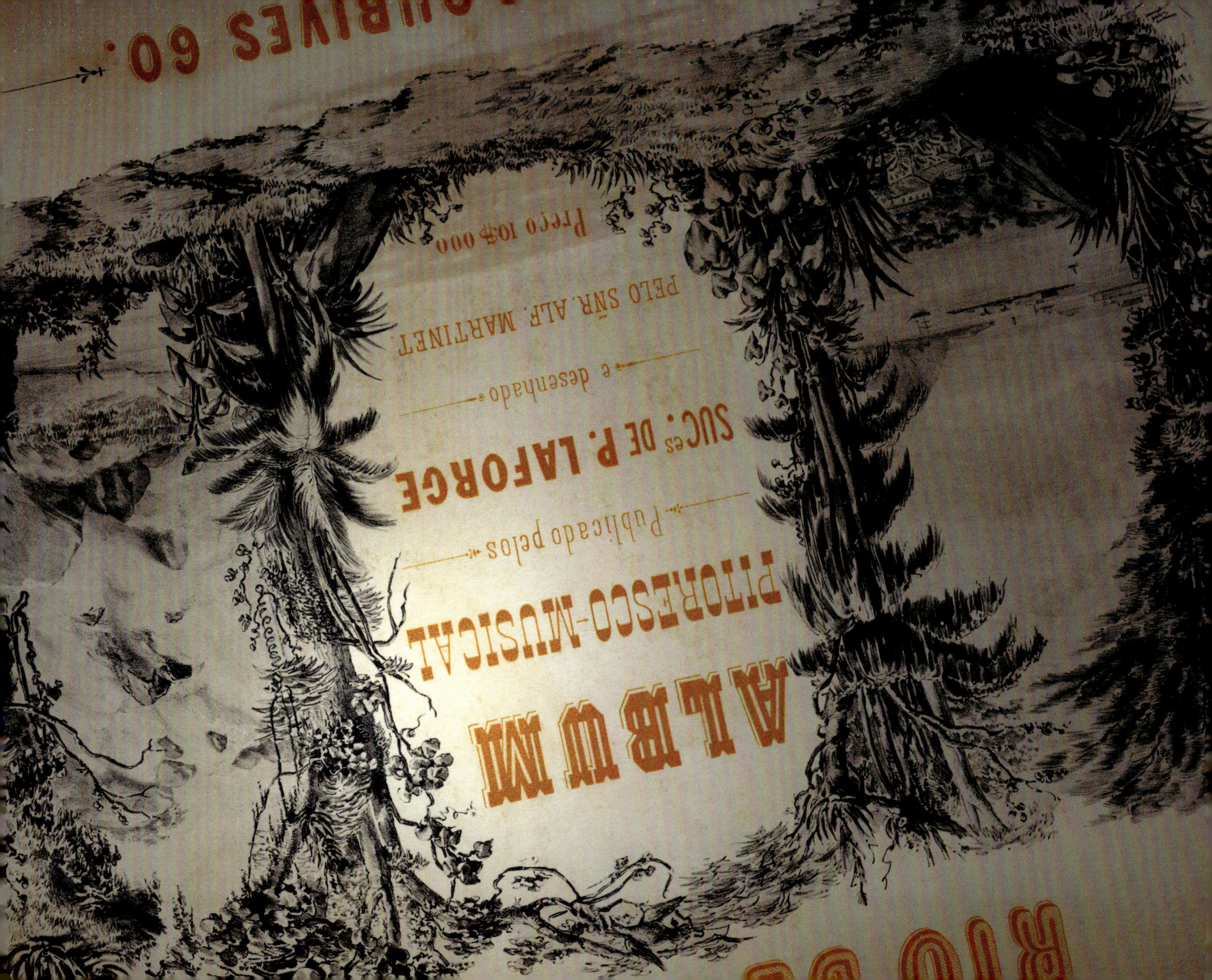

ALBUM
PITORESCO-MUSICAL

Publicado pelos

SUC.ᵉˢ DE P. LAFORGE

e desenhado

PELO SNR. ALF. MARTINET

Preço 10$000

RIO DE JANEIRO — OURIVES 60.

5. **rodrigo alzuguir** arco do tempo

8. marechal hermes **cristovão bastos**

10. flamengo **itamar assiere**

12. gávea **francis hime**

14. lapa **maria teresa madeira**

16. centro **maíra freitas**

18. copacabana **delia fischer**

20. braz de pina **gilson peranzzetta**

23. rio de janeiro – álbum pitoresco-musical

*Em memória de minha mãe Antonietta
Burza Barbosa Poças, professora de piano,
formada pelo Conservatório Dramático
Musical de São Paulo, aluna do grande
Mário de Andrade.*

EDGARD POÇAS

*Para Lucy Tepedino, minha primeira
professora de música e piano, exemplo de
dedicação, resistência e alegria.*

RODRIGO ALZUGUIR

*Para João Aníbal Magalhães d'Almeida, o
tio João, que tanto alegrou, com seu piano,
as tardes musicais de minha infância.*

CAROL MIRANDA

© 2014 RODRIGO ALZUGUIR

© 2014 DESTA EDIÇÃO, EDIÇÕES DE JANEIRO

Todos os direitos reservados e protegidos pela Lei 9.610, de 19-2-1998. É proibida a reprodução total ou parcial sem a expressa anuência da editora e do autor. Este livro foi revisado segundo o Acordo Ortográfico da Língua Portuguesa de 1990, em vigor no Brasil desde 2009.

PROJETO RIO DE JANEIRO –
ÁLBUM PITORESCO-MUSICAL 1856 E 2014

IDEALIZAÇÃO
Edgard Poças
Rodrigo Alzuguir
Carol Miranda

COORDENAÇÃO DE PRODUÇÃO
E ADMINISTRAÇÃO DE PROJETO
Carol Miranda

DIREÇÃO ARTÍSTICA
Rodrigo Alzuguir

DIREÇÃO MUSICAL
Cristovão Bastos

EDIÇÃO DE 1856

IDEALIZAÇÃO
Sucessores de P. Laforge

COMPOSIÇÕES DE 1856
A. Campos
Demetrio Rivero
Eduardo Ribas
Geraldo Horta
J.J. Goyanno
Quirino dos Santos
Salvador Fabregas

EDIÇÕES DE JANEIRO
Praia de Botafogo, 501, 1º andar, bloco A
22250-040 | Rio de Janeiro
+55 (21) 3796-6708
contato@edicoesdejaneiro.com.br
www.edicoesdejaneiro.com.br

LIVRO

EDIÇÃO
Ana Cecília Impellizieri Martins

COORDENAÇÃO DE PRODUÇÃO
Cristiane de Andrade Reis

PROJETO GRÁFICO
Victor Burton

DESIGNER ASSISTENTE
Luisa Primo

ASSISTENTE EDITORIAL
Aline Castilho

PESQUISA
Rodrigo Alzuguir
Alexandre Dias
Anna Paes
Edgard Poças

TEXTOS
Rodrigo Alzuguir

DESENHOS E PINTURA CAPA
Guilherme Secchin

LITOGRAVURAS
Joseph-Alfred Martinet

EDITORAÇÃO DE PARTITURAS
Italo Simão

COPIDESQUE
Silvia Maria Vieira

REVISÃO
Laura Folgueira

REPRODUÇÃO DOS DESENHOS
DE GUILHERME SECCHIN
Cesar Barreto

FOTOGRAFIAS DE ESTÚDIO
Erick Dau
André Moura Campos

DISCO

INTÉRPRETES-COMPOSITORES
Cristovão Bastos
Delia Fischer
Francis Hime
Gilson Peranzzetta
Itamar Assiere
Maíra Freitas
Maria Teresa Madeira

ENGENHEIRO DE GRAVAÇÃO
Fernando Prado

ASSISTENTE DE GRAVAÇÃO
João Thiré

MIXAGEM E MASTERIZAÇÃO
Lucas Ariel

Gravado entre julho e agosto de 2014 no estúdio da Biscoito Fino, por Fernando Prado – exceto a música "Jardim Botânico", gravada em agosto do mesmo ano no estúdio Laranjeiras Records, por Marcio Doredes.

REALIZAÇÃO

MASSÃO cultural

PATROCÍNIO

funarte
FUNDAÇÃO NACIONAL DE ARTES
Ministério da Cultura

RIO PREFEITURA
CULTURA

BRASIL
PAÍS RICO É PAÍS SEM POBREZA
GOVERNO FEDERAL

organização e textos
rodrigo alzuguir

rio de janeiro
álbum pitoresco-musical
2014

composições de cristovão bastos, délia fischer, francis hime, gilson peranzzetta, itamar assiere, maíra freitas e maria teresa madeira

desenhos de guilherme secchin

O— janeiro
EDIÇÕES DE